Dotchi?

「心理的安全性」をつくる104問

何でも言える職場はどっち？

池本克之
KATSUYUKI IKEMOTO

自由国民社

はじめに

職場のコミュニケーションに関する悩みは、尽きることがありません。

とくに社長やマネジメント層の人たちにとって、

「売上や利益がなかなか上がらない」

「組織や人が定着しない」

という2つは、大きな課題になっています。

あなたの職場では、いかがですか？


わたしは、急成長する企業の代表や経営コンサルタントとして、「組織や人」の問題に関わってきましたが、いつの時代でも変わらない代表的な悩みは、次のようなものです。

- **社員の人たちが思った通りに動いてくれない**
- **同じことを何度も言わないといけない、言ってもやってもらえない**
- **価値観が合わない社員がいる**
- **同族間の小競り合いや、争いが絶えない**

一例にすぎませんが、どれも「人と人とのコミュニケーション」の問題ばかりです。

組織に属するさまざまな立場の人が、日々コミュニケーションの課題に奮闘しているわけですが、ではどうすれば世代間のズレや、考え方のすり合わせをはかれ、「わかり合える」組織に生まれ変われるのでしょうか。

本書では、時代性のある「**心理的安全性**」をキーワードに、組織内コミュニケーションの悩みを解消できるようまとめました。

それぞれ2択の質問形式とし、悩ましい問題についての解答と解説を加えています。

わたし自身、過去に年商3億円、スタッフ数名の通販会社の運営を任され、ありとあらゆる「人」の問題に直面した後、4年後に社員２００人、年商１２０億円の「勝手に稼ぐチーム」をつくりあげることに成功しました。

バラバラだった社員が、目標に向かって協力しながら仕事をするようになり、大きな問題が発生しても、みんなで解決策を考え、立ち向かう風土へ変わりました。

このような「勝手に稼ぐチーム」に生まれ変われたのは、**心理的安全性をベースに置いた組織づくり**ができたからです。

心理的安全性のある職場とは、ひと言で言えば「**何でも言い合える風通しのいい職場**」のことです。

実際、社長やマネジメント層の人たちからも、

「社員や部下には、もっと言いたいことを言ってほしい」

という声が多く聞こえてきます。

ところが、なかなかそうならないのが現実です。

なぜなら、社長や上司に向かって率直に意見を口にすれば、怒られてしまうからです。せっかく勇気を出して声をあげた人が生贄になっているのを見て、かえって、「言えない空気」が強くなってしまうこともあるでしょう。

部下が言いたいことを言えないのは、社長や上司にも原因があります。

もしあなたがマネジメントを担う立場で、何でも言い合える会社をつくりたいなら、本書を通して、考え方を見直してみてください。

心理的安全性が保たれていない職場では、コミュニケーションの機会が少なくなります。たとえば、会議の場面で社員が積極的に発言しないことも、心理的安全性が確保されていないというサインです。あなたの会社でも、

「どうせ言ったところで相手にしてもらえない。それなら黙っているほうがいい」

という雰囲気になってしまってはいませんか？

心理的安全性が確保されていなければ、日常の仕事でも、

「自分から言い出して怒られるよりも、言われてから動いたほうが被害を受けなくて済む。だから、指示を待っているほうがラク」

と考える「指示待ち族」が増えてしまいます。

その結果、新しい発想は生まれなくなり、生産性が低くなり、売上も上がりません。

つまり、会社の成長は、心理的安全性がどれだけ確保されているのかによって決まってくると言っても過言ではないのです。

本書の2択の質問への回答と解説には、会社やチームの心理的安全性を高めるためのヒントを詰め込みました。若手社員たちが仕事の成果を高め、成長するために必要な内容になっていると自負しています。

本書が、ひとりでも多くのコミュニケーション難民の、人間関係の悩みを解決するきっかけとなれば幸いです。

2023年8月　池本 克之

目次

第2章　みんなが落ち込まないの、どっち？

第４章　みんなが仲良くなるの、どっち？

第5章　みんながやる気を出すの、どっち？

第1章　みんながほっとするの、どっち？

Dotchi?

「心理的安全性」って何だろう？

心理的安全性の高い職場＝「誰もが言いたいことを言える職場」

「心理的安全性」とは、組織行動学の研究者である米・ハーバード大学のエイミー・エドモンドソン教授が、１９９９年に提唱した概念です。

Ｇｏｏｇｌｅ社が行った生産性向上のためのプロジェクトにより、世界中の企業が「心理的安全性」に注目するようになりました。

まず最初に、「心理的安全性」が保たれている職場とは、

「上司、部下のどちらも言いたいことが言える空気感がある状態」

の職場を指します。

いまは上司が何か言おうものなら、「パワハラだ」と指摘されるご時世です。
「あとで『あれはパワハラだ』と言われても困るから、我慢しておこう」
と、言いたいことが言えなくなっている人も多いのではないでしょうか。

本来上司は強い立場にいるので、一見心理的安全性が低いようには感じませんが、そうとは言い切れません。ですから、「上司の心理的安全性」が確保されているかどうかも組織にとっては、重要なポイントになります。

上司も部下も、お互いに言いたいことを言える職場が、真に心理的安全性の高い職場であると言えるでしょう。

とくに、上司が部下に耳の痛いフィードバックを伝えられる空気感のある状態が、理想的な「心理的安全性が確保された職場」なのです。

このように、どの立場の人から見ても心理的安全性が確保された職場環境であれば、組織としてのパフォーマンスも上がり、結果も出やすくなるでしょう。

Dotchi? 1

挨拶は…？

↓自分からする

↓自分からはしない

Answer 1

↓「挨拶は自分からする」が正解

気持ちよく働くためにも、挨拶は自分からしましょう。

そもそも、なぜ挨拶をしたくない人がいるのでしょうか？　多くの場合、「こう思われたらどうしよう。無視されたらどうしよう…」といった不安な心理が関係していることが考えられます。

心理的安全性が低くなる原因には、「無知、無能、邪魔、ネガティブ」の4つがあります。

これらはそれぞれ、次のような場面でみられます。

・無知…「無知であると思われたくない」という不安があると、「お前、そんなことも知らないのか？」と言われたくなくて、知らないことを誰かに尋ねられない。

・無能…「仕事ができない」と思われたくない気持ちがあると、何か失敗をしてしまったときに報告、速やかに報告ができない。

・邪魔…「『余計な口を挟むな！』『邪魔をするな』と言われるのが怖い」という不安があると、自分から何も発言ができなくなってしまう。

・ネガティブ…話が盛り上がっているときに反対意見を言うと、「ネガティブな理屈ばかり言う人だな」と思われる恐れがあるため、黙ってしまう。

このような思考や行動は、心理的安全性が低くなっているサインなのです。

自分から挨拶できない人の場合、とくに「ネガティブ心理」が原因になっていることが多いでしょう。

挨拶には自分のコンディションと、敵ではないことを伝える効果がある

心理的安全性が低い会社では、社長から
「○○君、おはよう！」

と言われても返事をしない人が多く、また、自分から社長や上司に挨拶をすることもありません。こういった行動をとる社員は、社長や上司から
「挨拶をきっかけに叱られるかもしれない、無能と思われるかもしれない」

と警戒しているため、挨拶を避けるのです。

でもそれでは、健全な状態とは言えませんよね。

自然に挨拶ができるように、自分の意識を変えていきましょう。

たとえば、挨拶には「自分の存在やコンディションを知らせる」というメリットがあります。

挨拶をしたときの声がかすれていれば、風邪気味で体調がよくないことが伝わります。反対に、元気な挨拶であれば、仕事をするために万全の体制になっていると知らせることができるのです。

また、戦乱の時代は、「山！」「川！」というような〝合言葉〟がありました。「わたしはあなたの敵ではない」ということを知らせる手段として、昔から挨拶が使われてきたのです。

時代が変わっても、挨拶を交わすことは、本能的に自分が味方であることを相手に知らせる効果があります。

挨拶が活発になれば、職場の心理的安全性も高まるでしょう。

Dotchi? 2

備品が不足していたら…？

↓補充する

↓誰かが買うまで待つ

Answer 2

↓「備品が不足していたら補充する」が正解

備品の補充は、気持ちよく働くための大切なポイントです。

こういった行動は、まわりからもよく見られていると認識しておいてくださいね。普段から、

「これはわたしの仕事ではありません」

「部署が違うのでわかりかねます」

と言うような人は、コピー機の紙の補充などもしないタイプでしょう。

これらの行動には、まわりで起こっていることを「自分事」としてとらえているか、「他人事」にしているかという心理も関わっています。

会社組織で働く際、動かないタイプの人にとっては、「無能な人」と認識されることが一番のデメリットです。ゆくゆくは、本人にとって何らかの残念なことが起こるかもしれません…。

一方で、動く人が多くなれば、組織が協力的な場になっていくでしょう。

たとえば、貢献し合える、みんなの能力が上がる、まとまりが生まれる場になるのではないでしょうか。

2022年の年末は、サッカーのワールドカップが盛り上がりましたね。

サッカー選手は、自分と関係のない遠い場所でボールが動いているときも、次の次の次まで予測して走っています。90分の試合で、ハーフマラソンと同じほどの距離を走るそうです。それができる人たちの集団だからこそ、世界を驚かせる結果になったのでしょう。

これは組織でも同じです。

チームが1点を取るために、目に見えない貢献をいとわない人たちの集団になれば、結果も大きく変わっていくはずです。

会社の備品を補充するだけで、自分事にする習慣がつく

まわりのことを「自分事」にするために大切なのは、想像力です。

備品が壊れているとき、コピー機の紙がなくなっているとき、次の人がどうなるかを想像してみてください。

「自分のコピーが終わったら、あとは知らない」

と考えるのではなく、次の人のことを考えて、ただ紙を補充してあげればいいのです。

想像力を豊かにして行動することで、習慣を変えていきましょう。

Dotchi? 3

服装は…？

↓スーツ

↓私服

Answer 3

↓「服装は、ＴＰＯによる」が正解

服装は、「働きやすさ」に関わる話です。

とくに最近は、スーツか私服か、仕事中の服装について「どちらが正解」という明確な答えがなくなってきているのではないでしょうか。

「ＴＰＯによって、どちらもあり」という考え方がスタンダードになってきています。

では、ＴＰＯをわきまえてスーツか私服かを選ぶポイントは、どこにあるのでしょうか？

もし会社でドレスコードが決まっている場合は、当然ながらそれに合わせなければいけません。また、顧客もしくは世間からどのように見られるかという社会常識によって、いまだにスーツを着用することが当たり前の業界、職業もあります。

たとえば、金融機関の場合。銀行員は、まじめで、嘘をつかず、悪いことはしない、といったイメージが世間にあるため、装いも、そのイメージから少しでもずれると

「銀行員なのに…」

という言い方をされてしまうことが、いまだに多いそうです。

また、同じような理由から、地方の農協の職員さんもスーツが好まれます。

一方で、農家で働いている人がネクタイを締めていては仕事にならないため、スーツを着て畑に出る人はいないでしょう。

TPOをわきまえるために必要なのは、想像力

私服がスタンダードな業界の場合は、スーツを着ていると「何かあったのですか?」と言われてしまうので、着ないほうがいいでしょう。

わたしが以前所属していたITのベンチャー企業では、基本的に服装は自由でした。でも、次第にあまりにも自由になりすぎて、夏はビーチサンダルに短パンTシャツで出社する人もいました。

これは、自分や会社がお客様や世間からどう見られているか、という目線や意識が足りていない証拠です。

まわりへの配慮が足りていなければ、

・短パンやサンダルは禁止

・ジャケットを1枚かならず会社に置いておく

といったルールを決める必要が出てきます。

TPOを考えるときに、もっとも必要なのは想像力です。

服装を選ぶときは、「お客様の側から見たらどう感じるか」という視点を常に持って考えましょう。

Dotchi? 4

事務所の掃除は…？

↓社員全員でやるべき

↓担当者がやるべき

Answer 4

↓「事務所の掃除は社員全員でやるべき」が正解

気持ちよく働くには、キレイな環境が不可欠です。でも、大企業は別として、大半を占める中小企業では、清掃の会社が入っていることはほとんどありません。

会社のような公共の場やみんなで使う場は、全員で掃除するものではないでしょうか。職場はチームで仕事をする場所ですから、成果をあげるには、よい環境に整えておくことが不可欠です。その役割を誰か特定の人に委ねていては、どこかで「他人事」という感覚が生じてしまうでしょう。

大企業でも、清掃員の人たちが掃除しない箇所を総務部の人だけがキレイにしていることがあり、わたしは違和感を覚えます。

「職場環境を整備するのは、わたしの仕事ではありません」と考えるのは、間違っています。職場環境の維持・向上については、役割を分断せず、全員が自分事として関わるようにしましょう。

環境が整ってくると、自然とコミュニケーションも円滑になっていくはずですよ。

Dotchi? 5

雨が降ると…？

↓会社に行きたくない

↓関係ない

Answer 5

↓「雨が降っても関係ない」が正解

天気によって、その日のモチベーションが変わる人は少なくありません。

ただ大切なのは、「感情の問題」と「責任感を持って自分のやるべき役割を行う」ことをときちんと分けて扱えるかどうかです。

雨を理由に会社へ行きたくない、などと言いはじめたら、キリがありませんよね。

でも実際、感情に左右されて仕事がままならなくなるケースは多々あるものです。

たとえば、わたしが以前いた職場でも、奥さんや旦那さんと喧嘩をしたからという理由で、会社を休む人がいました…。

飼っているペットが亡くなったとき、動物好きな上司なら、

「それは大変だったな、2~3日休みなさい。立ち直ってからまた出てこいよ」

と言うかもしれませんが、それでは仕事になりません。自分がオーナーなら自己責任でなんとかできますが、会社員の場合、そうもいきませんよね。

人間ですから、さまざまな出来事で落ち込むこともあります。

本来、私情と自分の役割を果たすことはまったく別物のはずですが、「役割」と「感情」が混ざってしまう人のなかには、本人が自覚していないというケースも少なくありません。

「私情」と「仕事の役割」は、意識的に切り分けて考えていきましょう。

「儀式」で気持ちをリセットしよう

役割と感情をうまく切り分けられる人は、ミスからの切り替えも早い傾向があります。その人たちは、気持ちを切り替えるための方法を持っているのです。

わたしは趣味でゴルフをするのですが、ゴルフはミスをして当たり前のスポーツです。プロであっても、ミスをするものです。

あるプロゴルファーは、ミスを引きずらないよう

「ミスしたあと、次の一打を打つ前に、かならず一度手袋を外す」

と言っていました。

一度手袋を外し、つけ直すという「儀式」で、気持ちをリセットしているのです。

わたしたちも、落ち込んだときや、「役割」と「感情」を切り分けなくてはいけないとき、何らかの「気持ちをリセットする儀式」を持っておくといいでしょう。

「儀式」は、どんなことでもかまいません。

自分が簡単にできる方法で、ぜひ試してみてください。

Dotchi? 6

明日の服は…？

↓前日に決める

↓翌朝決める

Answer 6

↓「服は前日から決める」が正解

「服選びが、仕事とどう関係するの？」

と疑問に感じる人もいるでしょう。

たしかに、仕事と服装は直接関係するものではないのかもしれません。


でも、仕事に求められるのはパフォーマンスです。

その「仕事」は、オフィスに行ったり、デスクに座ったりしてからはじまるものではありません。


時間は切れ目なく流れています。

大切なのは、その流れのなかでいかにいい状態を保つことができるのかどうかです。

いい状態を保ちながら仕事へ向き合ったときには、いい結果を出せるでしょう。

そのためにも、朝からバタバタしないよう、着る服は前日に決め、翌日の仕事に向けて心の準備をしておくことが大切です。


もし寝坊して5分で家を出なければならないとき、冷静に着るものを選んではいられませんよね。慌てた状態でスタートしてしまうと、1日の仕事にも影響が出てしまうでしょう。

もちろんこれは、服装に限った話ではありません。

事前に準備できることは、確実に行っておいたほうがいいのです。


毎朝ジョギングをする人が、寒い季節に着替えるのが億劫になり、ジョギングをする格好で寝ていた、という有名な話もあります。

たしかにそうすれば、着替えで寒い思いはしませんね。

服を着て寝るのは少し極端な例ですが、これもひとつの心の準備と言えるでしょう。

Dotchi? 7

会社の机は…？

↓キレイにする

↓気にしない

Answer 7

↓正解は「会社の机はキレイにする」

会社の机をキレイにするのは、仕事の質を上げるために必要なことです。

パフォーマンスを発揮するためには、仕事の環境を整えましょう。

たとえば、机の大きさもとても大事な要素です。仕事時に手元に置いておきたい道具があるとき、机が狭いとすぐ手に取れる場所に物を置くことができません。毎日のことですから、こうなると意外と不便です。そういった環境づくりも含めて、仕事の生産性を上げるために、できるだけ広い机で仕事をするといいでしょう。

パソコン画面についても、同じことが言えます。「ノートパソコンの小さい画面で仕事をする人と、デュアルモニターの大きい画面で仕事をする人とでは、後者のほうがいいパフォーマンスをあげられる」という研究結果があるそうです。机やパソコンの画面といったワークスペースの面積は、仕事の出来栄えに比例すると考えましょう。

大切なのは、しっかりとした有効面積を確保することです。

いくら大きな机があっても、物で散らかっていては、仕事ができる雰囲気ではありません。パフォーマンスも下がってしまうでしょう。

気持ちよく仕事をして、パフォーマンスを上げるためにも、ワークスペースはキレイにしておくことを心がけたいものです。

Dotchi? 8

化粧をして行くのは…？

↓面倒だ

↓面倒じゃない

Answer 8

↓「化粧をして行くのは面倒じゃない」を習慣に

「仕事に行くときは身だしなみが必要」という感覚は、日本社会独特のものかもしれませんね。海外では、化粧をせずに職場へ来る人もいます。

でも、日本で働いているからには、女性は化粧をして、男性は無精ヒゲを剃って出勤することを推奨します。


とくに男性の場合は、無精ヒゲを剃っていないと、

「前日にお風呂へ入っていないのでは？　朝、顔を洗わずに出勤しているのでは？」

と見られてしまいます。

化粧をしていなかったり無精ヒゲを生やしたままで出勤したりするということは、仕事に向き合う準備ができていない、とみなされてしまうのです。


また、仕事は相手あってのもの。身だしなみが疎かになる人は、まわりの人からどう見られているのかも想像できない、ということでしょう。

なかには、

「わたしは内勤だから大丈夫です。総務部なので、お客様には絶対会いません」

と言う人もいます。

でも、内勤の人にとっての顧客は、外勤の社員も含めた社内の人たちです。

化粧をしないということは、その人たちに対して、失礼なことをしてしまっていることになるのです。

お客様はもちろん、身内に対しても身だしなみを整えて接しましょう。

結果的に、社内全体のパフォーマンスもあがっていくはずですよ。

Dotchi? 9

会社に着いたら…？

↓すぐ仕事モードになる

↓仕事モードになるまで
時間がかかる

Answer 9

↓「会社に着いたらすぐ仕事モードになる」が正解

会社に着いたら、時間をかけずに仕事モードに入ったほうがいいでしょう。

「ワークライフバランス」という言葉が定着して久しいですが、最近はZ世代（概ね１９９０年代中盤から２０１０年代序盤に生まれた人の総称）の人たちを中心に、「ワークライフインテグレーション」という言葉が使われています。

ワークライフインテグレーションとは、「仕事とプライベートを明確に線引きせず、双方を充実させることで生活の質を上げること」を意味しています。

つまり、近年は仕事とプライベートの両方の充実を求められているということです。

わたしもこの考え方には大賛成なのですが、まだまだ「就業時間が終わったら、仕事のことは一切考えない」というように、仕事に対するモチベーションと遊びに対するモチベーションを「別物」ととらえている人が多いように感じます。

もちろん、仕事とプライベートは別の場面ですが、32ページでお話ししたように、時間の流れには切れ目がありません。本来は、仕事もプライベートも同じもの。

実際、仕事ができる人は総じて遊び上手です。

仕事に対する姿勢は評価されている

経営者側としては、始業5分前には机に座り、仕事ができる状態になっていてほしいものです。出社してすぐに仕事モード入れる人は、「無能」「無知」な人には見えませんから、朝の準備ひとつでも、自分の心理的安全性を確保することができます。

最近は、女性が制服に着替えるために早く出社する時間は労働時間なのか、そうではないのか、といった議論もあります。厳密な法解釈は曖昧なままですが、10分から15分のために、労働基準法などを持ち出すのは大げさではないでしょうか。

「早く来る時間がもったいない。給料が発生しないのはおかしい」

という損得勘定で考えている人は、結果的に損をしてしまいかねません。

これは、朝の準備をやるのか・やりたくないのかという、モチベーションの問題ですから、その姿勢が仕事にもあらわれているものです。

そして経営陣は、その仕事に対する姿勢も評価の対象として見ているものなのです。

Dotchi? 10

会社でスマホは…？

↓普通に見る

↓休憩時間まで見ない

Answer 10

↓正解は、「会社では、スマホは休憩まで見ない」

「仕事中にスマホを見るのは個人の自由」

と言う人もいますが、スマホを見ると仕事と関係ないことをする時間になってしまうことが多々あります。ですから、スマホは休憩時間まで見るべきではないでしょう。

もっとも、仕事として使っている場合は話が別です。

たとえば、ネット通販会社の社員が、自分の会社のサービスをスマホでチェックする、会社のＬＩＮＥ公式アカウントでビジネスを行う、もしくはＬＩＮＥで仕事上のコミュニケーションをとる、といった場合、問題ありません。

ただ、これらはごく稀なケースです。

ほとんどの場合、プライベートでスマホを使っているのではないでしょうか。

あるリサーチによると、スマホで仕事をしている人は生産性が下がってしまうという結果が出ています。実際、Ｅｘｃｅｌの操作をはじめ、スマホではできないこともあるので、このリサーチ結果は妥当でしょう。

また、スマホはとてもプライベートなツールです。

仕事に使っていないスマホを見るということは、仕事中にときどきプライベートな時間が含まれてくるということになるでしょう。たとえば、

「着替えの時間は時給の対象になりますか？」

と言う人に対して、もし着替え分の時給を発生させるなら、代わりにスマホを見ている時間は時給から差し引かれても文句は言えないのではないでしょうか。

「仕事中にスマホを見るのは個人の自由」

という理屈は通らないものと心得ましょう。

Dotchi? 11

植木が枯れそうなら…？

↓水をあげる

↓そのままにする

Answer 11

↓正解は、「植木が枯れそうなら水をあげる」

オフィスに置いてある植木に水をあげることに対して「それはわたしの仕事ではありません」という姿勢の人もいるでしょう。

積極的に水を与えるのと与えないのと、どちらがいいかと聞かれたら、やはり、植木が枯れないように積極的に水をあげることを推奨します。

オフィスに植木を置くのは、パソコンに囲まれた殺伐とした職場に、少しでも癒しや潤いを与えるためです。

それならば、植木を枯らさないように水をあげることも、環境整備の仕事のひとつではないでしょうか。

植木の水やりは、働く環境を整えることにつながっています。

また、枯れた植木は人間で言えば「遺体」と同じです。

そのままにしていて気持ちのいいものではありませんね。

オフィスに置かれているものには、かならず何かしらの意味と目的があります。

植木は勝手に生えてきたものではなく、ただ置いてあるだけでもありません。

なぜ置いてあるのかという目的を考えることが、とても大切なのです。

社員一人ひとりが、目的を考えられるようになると、気持ちよく働ける職場づくりにつながっていくでしょう。

Dotchi? 12

誰もいない部屋の
電気は…？

↓消す

↓消さない

Answer 12

↓「誰もいない部屋の電気は消す」が正解

電気代が無料の国は、世界中どこにもありません。電力不足が騒がれる昨今は、電気代が上がって大変だから、電気はこまめに消すという人も多くなりましたが、電気代が上がっても下がっても、無駄なことはしないように気を配りましょう。

社員のしあわせを第一に考えた経営を実践し、離職率が低いことで知られているある企業では、社員一人ひとりに、よく和室にある、紐を引いて電気をつけたり消したりする電灯を与えているそうです。もともとは節約のためにはじめたのだそうですが、いまでは、社員は離席するときにかならず電気を消す習慣が根づいています。

実際、余計な電気代が1円でも減れば、会社の利益が増えます。

それほど大きな金額ではなく、短期間で社員の報酬に跳ね返るものではなくても、退職するまでの数十年間積もり積もれば、給料が数万円は変わってくるでしょう。

必要のない消費をしないよう行動できるかどうかは、「その行動が会社の利益を損ねてしまう」という根本を、社員がわかっているかどうかにかかっているのです。

気持ちよく働くために、会社のものを大切に扱おう

無駄な浪費をなくすという意識は、電気代に限った話ではありません。

よく社有物は壊れやすいと言われるのですが、その典型が社用車です。とくに複数人で営業用の車を使い回している場合は、本当によく壊れると耳にします。

その証拠に、会社が所有者になっている社長車や営業車の保険料は、事故を起こす可能性が高いため、個人が所有する車の保険料よりも高く設定されています。

残念ながら、会社のものとなると、個人のものよりも扱いが雑になる人が多いということでしょう。でも、会社の所有物を雑に扱っていると、備品が壊れるたび、補充に経費がかさみ、利益が減ってしまいます。無駄な浪費をなくし、備品を丁寧に扱うことで、会社に余計な消費をさせないよう心がけましょう。

根本をたどると、電気をこまめに消すことも、気持ちよく働くためにはとても重要なことだとわかりますね。

Dotchi? 13

失敗すると気分が…？

↓落ち込む

↓落ち込まない

Answer 13

↓正解は「失敗しても落ち込まない」もしくは「落ち込ませない」

仕事をしていれば、かならず何かしらの失敗はするものです。

もし失敗したときには、落ち込まない、もしくは落ち込ませないことが大切です。

お笑いタレントの明石家さんまさんは、

「落ち込むのは自分の力を過剰評価しているからだ」

と発言していました。

「みんなこんなもんや。俺なんか失敗しても、『そんなもんや』としか思わへんで」

そう考えると、過度に落ち込む必要はないと思えてきませんか？

落ち込んでしまうことによるデメリットは、２つあります。

ひとつ目のデメリットは、自分の生産性と評価を落としてしまうことです。

人はあまりも激しく落ち込むと、次の行動ができなくなります。落ち込んで何も手につかない時間は、生産性があがりません。さらに、その状態が続くと、上司も含めたまわりから「無知」「無能」と評価されてしまうのです。

落ち込んでも、プラスになることはないことがわかりますね。

２つ目のデメリットは、まわりに負の影響を与えてしまうことです。

ちょっとした失敗であっても、ため息をついている人がそばにいたら、まわりの人も気になって仕事に集中できなくなります。激しく落ち込むクセのある人は、まわりの人に大きな影響を与えていることを知る必要があるでしょう。

自分を過剰評価して落ち込まない

激しく落ち込む行為には、「わたしは一生懸命やったのに、失敗してしまった。でも、失敗はしたけれども、一生懸命やっていたことはみんなわかってくれるよね…」という、まわりへアピールする目的もあるかもしれません。周囲から慰めてもらうことで、「無知」「無能」ではないことを証明し、心理的安全性を保とうしているのでしょう。でも、このような行動が続くと、次第に「面倒な人」とみなされてしまうので要注意です。自分やまわりのためにも、できるだけ落ち込まないように心がけましょう。

Dotchi? 14

失敗すると…？

↓冷たい目で見られそうで怖い

↓怖くない

Answer 14

↓正解は、「失敗しても、怖くない」

失敗はチャレンジをした結果ですから、怖がる必要はありません。

むしろ、失敗を怖がらずに、どんどんチャレンジをしていくべきです。

ところが、概ね1990年代中盤から2010年代序盤に生まれた「Z世代」と呼ばれる人たちは、あまりチャレンジしない傾向があるようです。実際に、

「チャレンジしないことで給料や役職が上がらなくても、普通に生活できればOK。結婚する予定もなく、そもそも結婚するつもりもない」

という若者が増えてきているのです。

国立社会保障・人口問題研究所によれば、50歳までに一度も結婚しない人の割合を示す生涯未婚率は、2020年時点で男性が28・3%、女性が17・8%です。

2000年の男性未婚率は12・6%、女性は5・8と考えると、20年で10%以上増えていることがわかります。

その背景には、心理的安全性が確保されていないことによる不安があります。

近年は、日本の国力が落ち、給料のいい仕事が減ってきています。

Z世代の人たちのなかには、競争に勝てる自信を持てない人も多くいるのです。

「結婚しても、家族2人分稼ぐことは難しい。ましてや子どもが産まれれば、どれだけお金がかかるかわからない」

このような心理的不安から、結婚しない選択をしているのでしょう。

「目立ちたくない」とチャレンジしないZ世代

そもそも、なぜZ世代の人はチャレンジしたがらないのでしょうか？

それはおそらく、チャレンジした結果、昇進した上司がプライベートを犠牲にして、残業している姿を見て、「あんな毎日を送りたくない」と思うのでしょう。

「チャレンジすれば、給料や役職は上がるかもしれない。でも、大変なことがセットでついてくるから望みません」

若手社員がこう発言することに、悩んでいる会社は、少なくありません。

「目立ちたくない」と考える人が多いのも、Z世代を中心とする若い世代の特徴です。

目立つと同僚に嫌われる、いじめに遭う、同期・友人と一緒に遊べない、だから目立つポジションに就きたくない、みんなと一緒がいい、と考えているのです。

そのため、みんなの前で褒められることも極端に嫌がります。

同期トップで役職に就くことを打診されても、

「どうしても就かなくてはいけないのなら、会社を辞めさせていただきます。でも、その役職の役割だけなら、仕事としてはやります。役職手当は結構です」

と答える若手社員もいるそうです。こういった人も、最近では少なくありません。

チャレンジしても、失敗すればまわりの目が気になるし、仲間外れにされてしまう。

Ｚ世代を中心とする若手社員は、過度に人の目を気にして怖がっているため、チャレンジしない選択をしているのです。

自分が入っていないＬＩＮＥグループがつくられて、そこで悪口を言われているかもしれないと、不安を抱えている若者も増えています。

将来を見て、どうなりたいかを考えよう

たしかに、目立つことで「仲間外れ」になるかもしれません。

でも、あなたは自分を仲間外れにするかもしれない人たちと生涯付き合い、一緒に仕事をしていきたいのでしょうか？

そのようなグループから抜け出さず、横並びで生きた先に、あなたの幸せはありますか？

大切なのは、もっと先のことに目を向け、「あなた自身がどうなりたいか」を突き詰めることです。

横並びを求める人たちと、「仲間っぽい関係」を続けながら生きていくことを選ぶならば、そのような人生でもいいのかもしれません。

あなたは、どう考えますか？

Dotchi? 15

会議室が散らかっていたら…？

↓キレイにする

↓そのままにする

Answer 15

↓会議室が散らかっていたら、キレイにする

会議室が散らかっていたら、キレイにしましょう。

まず第一に、会議室を使ったのなら、使った人が片付けるのは当然のことです。

また、たまたま散らかっているのを見つけた場合であっても、「わたしの仕事ではない」というスタンスではいけません。見つけた人が、すぐに元に戻しましょう。

もし、自分がお客様をお招きするときに会議室が散らかっていたら、

「少々お待ちくださいね。前に使った者が片付けておらず申し訳ありません……」

と言いながら、慌ててキレイにすることになってしまいますよね。

つまり、会議室をキレイにできない人は、「次に誰かがお客様をお通しする」という意識を持てていません。

ちなみに中小企業では、会議室が散らかっていたときに片付けるのは、社長が多いのだそうです。

社長のほうが、社内環境を整えることへの意識が高いのでしょう。

共用スペースをキレイにするメリットはたくさんある

会社の共有スペースをキレイにしておくメリットは、お客様に見せてはいけない光景を見せずに済むことです。やはり、会社をよりよく見せるに越したことはありませんよね。わたしは、新規のコンサルティング先へ訪問したときには、その会社の人たちが使っていると思われるトイレがキレイかどうかをかならずチェックしています。共用スペースにこそ、その会社の現状があらわれるからです。

会社の共用スペースが散らかっている場合は、たとえ普段は立派なことを言っていたとしても、説得力がなくなってしまいます。ちなみに、トイレの使い方が汚い会社は、仕事でも細かいところまで注意が行き届いていない傾向があります。経営者が指導していないためにトイレが汚いケース、社長自ら汚しているケースもあるでしょう。

このように、会社の体質がそのまま形になって見えてしまうのが、共用スペースです。常にキレイにするよう、意識してくださいね。

自分事ととらえる人とそうでない人とでは、大きな差がつく

繰り返しになりますが、社内で起きているあらゆる出来事は「自分事」ととらえ、場所の汚れは気づいた人が整えるようにしましょう。

何事も自分事としてとらえられる人は、仕事でも成果をあげやすくなります。ちょっとした変化に気づけることが多くなるからです。

会社の入り口で社外の人が待っていたり、困っていたりする様子がわかるのに、声かけもせずに通りすぎる社員は、自分には関係ないと、他人事としてしかとらえていません。一方で、仕事ができる人は、

「大丈夫ですか？　もうお伺いしていますか？」

と、ひと声かけることができるでしょう。

一事が万事。気づく人と気づけない人では、どんどん差がついていきます。どんなことも、自分事ととらえるために、まずは、共有スペースの掃除からはじめましょう。

Dotchi? 16

高いものは…？

↓お金を貯めて買う

↓クレジットで買う

Answer 16

↓正解は…「両方あり」

この問題のポイントは、「どちらを選択すれば、他人から無能呼ばわりされないか」ということです。あまり価値のない高額なものを、手元にお金がないからという理由でクレジット購入している人は、「無能」と言われても仕方がありません。

一方、何としてでも手に入れたい価値のあるものをクレジットで買う場合は話が変わってきます。たとえば、あとで返済しなければいけない奨学金を獲得し、海外の大学で勉強をするというケースなら、「無能」だと評する人もいないはずです。

むしろ、そこまで本気で勉強をしに行った姿勢を評価して、「あの人はすごい」と思われるでしょう。

ですから、高額のものを購入する場合、お金を貯めるのも、クレジットで買うのも「どちらもあり」です。購入するもの自体の価値と、購入する目的次第で支払い方法を使い分け、判断できるようになるといいですね。

Dotchi? 17

電車で具合が悪そうな人、
年配の人がいたら…？

↓席を譲る

↓見て見ぬふりをする

Answer 17

↓具合が悪そうな人がいたら、席を譲る

「見て見ぬふりをする」を正解だとする人はいないでしょう。

当然ですが、具合が悪そうな人や年配の人がいたら席を譲ってください。

ところが、現実では見て見ぬふりをする人が多く見られます。もしくは、具合が悪そうな人や年配の人がいることに気づいていないのかもしれません。

でも、これは大きな問題です。電車のなかで周囲の様子に気づけない人は、仕事でもさまざまなことに気づけない可能性が高いからです。

実際、周囲の様子に気づくことや配慮することは、教えてすぐできるようになることではありません。できる人を見て、自分で覚えていくしかありません。

また、気づいたうえで、サッと手を差し伸べられるかどうかも大切なことです。

気づける人、空気を読める人になることは、仕事をするうえでだけでなく、リスク回避の観点でも重要な能力です。たとえば、不審人物が近づいてきたのに察知できなければ、襲われてしまいかねません。でも、気づくことができれば、逃げられますよね。気配りとリスク回避という観点からも、まわりをよく見られる人になりましょう。

スマホゲームに夢中になっているために、電車内でまわりを見ていない人もいます。もちろん、ゲームをすることが悪いわけではありません。

でも、まわりで起きていることに気がつかなければ、生きていくうえで不利になるということは知っておきましょう。

自己欺瞞をやめて、良心に従った行動をしよう

ところで、「見て見ぬふり」のなかには、本当は気づいているのに気づいていないことにする人も含まれます。

いくらスマホのゲームに集中していても、目の前に松葉杖をついている人、具合が悪くてしゃがみ込んでいる人が近くに来たら、さすがに気づきますよね。でも、見てみぬふりをする人は、

「あと少しでラスボスを倒せるから仕方がない」

と自分で自分に言い訳をして、行動しないのです。

このような人は、自分の良心に反することでも、何らかの理由をつけて「よし」とすることで、自分の良心を騙している「自己欺《ぎ》瞞《まん》」の状態に陥っています。

でも、本心ではするべきことをわかっているため、大きなストレスを感じるでしょう。そし

て「本当はこうしたいのに、しようとしない自分がいる」と、次第に自分を信じられなくなっていくのです。

こういったストレスが積み重なっていくと、気持ちはどんどん不安定になります。いつも自分自身を疑い、イライラ、カリカリすることになるでしょう。

「見て見ぬふり」は、自分の心に自己欺瞞が生じて、ストレスを感じるきっかけになってしまいます。そうならないためにも、自分に言い訳をせず、良心に従って行動しましょう。まずは、電車内で席を譲ることからはじめることで、少しずつ自分を変えられるはずです。

Dotchi? 18

代休は…？

↓とれるか不安になる

↓好きな日に休む

Answer 18

↓正解は、「好きな日に休む」

「代休、有休に関しては、労働者の権利だ」と主張する人は少なくなりません。また、入社時に産休や育休をはじめとした休暇制度について、詳しい説明を求める人も増えています。

もちろん休むのは大切なことです。法律でも整備するように求められているので、普通に取得していいものです。

では、なぜわざわざ休む権利を振りかざす人がいるのでしょうか？

これには、本当に休めるのだろうか、という不安心理が影響しています。

「本来はお休みの土曜日に仕事をして、翌週の水曜日に休んだら、誰かに迷惑をかけるのではないか…」

「この日に休んだら、まわりの人はどう思うのだろうか…」

と、「気の利かない人」や「ひどい人」だと思われることへの不安から代休を取れない人は案外多いのです。そのため、たとえ会社に制度があったとしても、本当に休めるのか、不安で仕方がありません。さらに、まわりの目を気にして休みがとれなかったことに対して、ストレスを溜めていくのです。

心配事は、ほとんど起こらない

ただ、よくよく考えてみると、社員ひとりが1日いなくても、ほとんどの会社はどうということもないはずです。たとえ20人ほどの小さな会社でも、19人いれば仕事は回ります。もし15人ほどになっても、数日くらいは大丈夫でしょう。

つまり、本当は感じる必要のない不安に、自分が怯えているだけなのです。

多くの人は、「責任感や事実」と「感情」をミックスしてとらえてしまいますが、心配事の大半は実際には起こりません。

ですから、休暇や代休は「好きな日に休む」ことが正解です。

しっかり休んで、仕事でもいいパフォーマンスを発揮しましょう。

Dotchi? 19

仕事で失敗したら…？

↓恥ずかしい

↓なんともない

Answer 19

↓正解は「仕事で失敗しても、なんともない」

仕事で失敗をすれば、会社に損害を与えることもあります。

ですから、「なんともない」と言い切るのは適切ではないかもしれません。

また、一緒に働く仲間に対して恥ずかしい、申し訳ない、という気持ちを抱くのは悪いことではありません。

ただ、会社経営が傾くほど莫大な損害を被るような仕事は、そう多くはありません。

「これが失敗すると、数億円の損害になる…」というほどの大きな仕事は、会社のトップや上層部が手がけるものだからです。

ですから、一般社員の仕事の失敗は、「なんともない」もしくは「それほどのことはない」ととらえましょう。

もちろん、数字として見ればそれほどの損害ではなくても、失敗することで「まわりから無能だと思われるのではないか」と、心理的安全性が脅かされることはあるかもしれません。

だからこそ、「失敗したくない」といった感情が生まれるのでしょう。

仕事で失敗しなくて済む最善の方法は、「仕事をしないこと」です。

間違いのないように、ただ指示されるのを待ち、言われたことをその通りにこなし、指示以上のことも指示以下のこともしなくなる…。

「指示待ち族」は、このようにして生まれていくのです。

このような指示待ち族にならないためには、チャレンジすることから逃げないことです。

そして、たとえ失敗したとしても、

「それほどのことはない」

と受けとめるようにしましょう。

第2章 みんなが落ち込まないの、どっち？

Dotchi?

Dotchi? 20

素直な人は…？

↓損をする

↓罠にはまらないよう

守ってあげる

Answer 20

↓罠にはまらないよう守ってあげれば、みんなが落ち込むことにはならない

「損をしたくない」という心理は、みんなが持っています。

職場においても、何でも素直に受けている人は、損してしまいがちです。

そんなとき、まわりが

「そのやり方では、あとで大変なことになるよ」

と守ってあげて、教えてあげて、一緒に手伝ってあげましょう。

もしもその人が「罠」にはまってしまうと、ガクッと落ち込み、まわりにも悪い影響を与えることになってしまいます。ですから、素直な人が不必要なことで落ち込まないように、まわりが気を配ってあげる必要があるのです。

実際、まわりに落ち込んでいる人がいると、場の空気が悪くなる要素にもなります。飲み会でも、ため息をついて、文句ばかりを言っている人がいたら、盛り下がりますよね。素直な人が落ち込まないようにしてあげたほうが、めぐりめぐって自分のためにもなるでしょう。

Dotchi? 21

人を守ってあげるのは…？

↓優しさ

↓厳しさ

Answer 21

↓みんなが落ち込まないためには、「優しさ」を持とう

チームや組織のみんなが落ち込まないようにするには、優しさが必要です。

ただ、わたし個人は、何が「優しさ」であり何が「厳しさ」であるかについて考えることは、とても奥深く意義あることと感じています。たとえば、小さな子どもが車の通りの多い道路へ飛び出しそうになったとします。そのときに多くの人は、

「危ないよ」

と遠くから声をかける人を「優しい」と言います。

声や言い方、動作が優しければ、「優しい人である」と表現するのです。

一方、同じ場面でも、走り出して、子どもが車に轢かれないように突き飛ばす人もいるでしょう。ラグビーのようなタックルをして、小さい子どもを抱えてゴロゴロと転がる場面も想像できますね。そして、このような激しい動きをする人に対しては、「あの人は厳しい」と表現することが多いでしょう。

でも、ただ危ないと声をかけるだけでは、子どもが車に轢かれてしまうかもしれません。見方によっては、「厳しい」接し方ともとれるでしょう。逆に、猛烈なタックルをして子どもを守るほうが、じつは「優しい」のかもしれません。

わたしも、もっとがんばってほしい経営者に対して

「社長、だからダメなんですよ」

とはっきり言うと、

「池本さんは厳しい。怖い」

と返されてしまいます。でも社長ともなれば、誰も注意をしてくれません。社員は

「社長が間違っています」

などとは、口が裂けても言えませんよね。その社長のことを本気で思って、あえて厳しいことを言うのであれば、それは「優しさ」なのではないでしょうか。

ただし、関係性によっては、厳しい言葉をかけるとガックリ落ち込まれてしまうこともあります。心理的安全性の観点から見ると、人間関係の「第1ステップ」としては、優しく接するほうが好ましいでしょう。

優しさを持って厳しく接することが大切

もちろん、いつまでも「第1ステップ」のままでいる必要はありません。

一定のラインを越えたときには、接し方を変えてもいいのではないでしょうか。

たとえば、守ってあげようと思って

「そんなに泣くなよ、元気出せよ。お前が悪いわけじゃないんだから。がんばれよ」
と優しく接したのに、一向に改善されない場合は、同じ接し方ではいけません。

そのときは、相手の成長のために、
「お前、いいかげんにしろ。いつまでも甘えているんじゃないぞ」
というように、「厳しさという優しさ」に切り替えてもいいタイミングでしょう。
人は優しく接していても、変わってくれない場合があります。
そのようなときは、「優しさを持って厳しく接する」ことも大切です。
本当に相手やまわりのためを思った、「優しい」接し方を目指していきましょう。

Dotchi? 22

上司の命令は…？

↓使命感から守る

↓真に受けるとバカを見る

Answer 22

↓「命令を守るのは使命感」が正解

命令を守るのは、使命感。それがわたしの考える正解です。

とくに、仕事の場合は、指示・命令系統が存在します。指示をするのは上司の仕事であり、その指示・命令を受けて実際に行動するのが部下の役割です。ですから、責任感や使命感を持って命令を守るのは、当然のことではないでしょうか。

もし社員が使命感を持って、指示・命令をした通りに動かなければ、仕事の成果が出るはずもありません。上司も、「あれほど言っているのに、なぜやらないのだろう？」という目で見てしまうでしょう。

心理的安全性における、「無知」ととらえられてしまうのです。

また、部下を言う通りに動かせない上司も「自分は無能なのか…？」と自信を失ってしまうかもしれません。

言われたことをやらない無知な部下、言うことを聞かせられない無能な上司と一緒に仕事をしていると感じたら、まわりのモチベーションも下がってしまいます。

指示・命令を守らないことで、組織はこのような悪循環に陥ってしまうのです。

真剣に取り組む仲間を増やそう

「真に受けるとバカを見る」と思っている人が多い職場では、かなり仕事がしづらいでしょう。そもそも「真に受けるとバカを見る」という考える人は、仕事に対して斜に構えていて、上司のことを信用していません。

「この人の言う通りにしても、ろくなことにならないから、適当にやっておこう」

「どうせまた意見が変わるから、真剣に取り組んでも意味がない」

という見方や考え方をしているのです。そういった考え方をする人に引っ張られないようにするには、どうすればいいのでしょうか？

たとえば、「真に受けるとバカを見る」と思っている人が多い職場で、自分だけ部下として使命感を発揮しようとすれば、つるし上げに遭うかもしれません。

その場をやり過ごすだけでよければ、斜に構えている人たちを相手にせず、

「そうだよね。うん、適当にやろうよ」

と表面上は同調しながら、きちんと仕事をすればいいでしょう。

ただ、場の空気を本当に変えていきたいのであれば、少しずつ自分と同じような考え方の人たちを増やしていく必要があります。

「本当は使命感を持って仕事をしたいけれども、多数派の人たちがいるから下手に動けな

い」と思っている人を発見し、仲間を増やしていきましょう。

オセロゲームのように、ひとりずつでも変えていかなければ、世の中も会社も、何も変わっていかないものなのです。

「トリム・タブ」のすすめ

こんな話をご存じでしょうか？

大きな船には「トリム・タブ」という小さな舵があります。

これは、大きな舵を動かすためについている、舵のなかの舵です。

水中で大きな舵を動かすには大きなパワーが必要ですが、このトリム・タブを動かすのには、それほどの力を必要としません。でも、このトリム・タブを動かす小さな力で、大きな船全体の舵をとることができるのです。

最初は小さな力でも、地道にひとりずつ使命感を持って働く側に引っ張り込みましょう。これをわたしは、「トリム・タブの働き」と呼んでいます。

使命感を持って動く人を少しずつ増やせば、大きな組織も変わっていくはずです。

ぜひ、あなたがトリム・タブになりましょう。

Dotchi? 23

勉強熱心なのは…？

↓見習うべき

↓役に立たない知識はムダ

Answer 23

↓正解は「勉強熱心なのは見習うべき」

仕事のパフォーマンスを上げていくには、勉強が欠かせません。

勉強熱心な人がいたら、ぜひ見習いましょう。

ただ、勉強をしても給料が上がるわけではない。いまの仕事に関係のない勉強をしても仕方がない。そもそも社会人になってまで勉強を必要はない。

こう考える人のほうが、多数派でしょう。

実際に「サラリーマンが1年間に読む本の数が1冊を切った」というデータもあります。ネットに触れただけで、情報を得た気持ちになってしまう人も多いのでしょう。でも、「本を読まなくても、必要なときにググればいい。だから勉強なんて意味がない」と言って勉強しなければ、間違いなく仕事への熱量は下がる一方です。

経営者や上司が勉強の成果を示そう

勉強熱心な「場」にするために、経営者や上司は部下に対してどのようなアプローチをすればいいのでしょうか？

間違ったアプローチは、読書を強制することです。

たとえば、会社の経費で人数分の本を買って、読ませて、感想文を提出させている会社もあれば、1ヵ月の読書のノルマを義務づけている会社もあります。

でも、強制されて本を読むと、お金のため、会社で生きていくため、つまり生存欲求のために行うことになります。生きていくために、形として行っているだけでは、本当の知識は身につきません。

むしろ、社長や上司が率先して本を読んでいる姿や、勉強の成果を見せたほうが、効果があるはずです。部下と一緒にお客様や社外の人と話しているときに、きちんとした受け答えができたり、よりよいアイデアを出したりことで、部下に「この人はすごい」と思わせることができます。

読書自体は、先ほどのトリム・タブのような小さな活動ですが、自分が率先して行うことが、もっとも効果的なのではないでしょうか。

Dotchi? 24

まじめにコツコツは…？

↓評価される

↓地味で損な役回り

Answer 24

↓まじめにコツコツは、間違いなく「評価される」

「まじめにコツコツやっても、誰も見ていないし、給料も変わらない。適当にやって、早く家に帰ってゲームをしよう」と考える人たちも、少なくありません。

たしかに、まじめにコツコツ取り組み続けるのは、ラクなことではありません。

でも、仕事はこの積み重ねがとても大切なのです。

「コツコツ取り組むのは決して損な役回りではない。それがやがて日の目を見るのだ」ということを、ぜひ証明していきましょう。

仕事も勉強も仲間づくりも、コツコツと積み重ねることができない最大の要因は、「結果が出るまでに時間がかかる」ことです。

まじめにコツコツ取り組めば、３日後に課長になれるわけではありません。

何年も経たあとに、ようやく結果が得られます。ただ、地道にコツコツ継続し続けたことが、積み重なって、いつの間にか大きな差となっていたとわかる瞬間は、かならずくるものです。

そのときに「あの人が『コツコツ取り組んだほうがいいよ』といつも言っていたのは、そういうことだったのか」と気づくでしょう。

でも、人は、わからなければ変われません。

まじめにコツコツと続けることの大切さに気づける日を待つしかない、とも言えますね。

Dotchi? 25

困っている人には…?

↓共感する

↓人の感情に引きずられる

のは甘い

Answer 25

↓「困っている人に共感する」が正しい

相手が困っているとき、共感できる人は
「何に困っているの？　何か手伝うことある？」

と声をかける選択をすることができます。

一方、困っている人に引きずられたくないと思っている人の場合、

「そんなの、わたしには関係ない。困っていても、その人はその人、わたしはわたし」

と見向きもせず、手も貸さない、という選択をすることが多いでしょう。

困っている人がチーム内にいると、その人が「重し」になるために、なかなか全体が浮上していくことができません。逆に、困っている人をみんなですくい上げて、一緒に上昇していくようにすれば、全員が落ち込まずに済むはずです。

サッカー日本代表選手から学べること

少し前の話になりますが、カタールで開催されたサッカーのワールドカップは、とても盛り上がりましたね。

スポーツの場合、勝ち負けがとてもはっきりわかります。勝ったチームの選手が負けたチー

ムの選手に声をかけ、元気づけている光景は、スポーツのよさを感じさせてくれます。最近はヨーロッパのチームでプレーする日本人選手が増えている分、顔見知りも多くなり、試合中には敵・味方に分かれていても、声をかけ合う光景が目立ってきているのかもしれません。

日本がドイツに逆転勝ちしたとき、取材陣が殺到して、ある海外のカメラマンが転んだところ、日本代表の板倉滉選手が手を差し伸べて起こしてあげたことが話題になったそうです。これも、困っている人に対して行動できる例と言えるかもしれません。

難しいのは、困っているように見せてまわりの気を引こうとしている、依存的な人への対応です。少々病的なので、扱いに困るところではありますが、基本的には声がけをするのがいいのではないでしょうか。全体が落ち込まないようにするには、放置するよりもみんなで関わるほうが得策でしょう。

Dotchi? 26

相手の立場に
立つことは…？

↓できる

↓理想だけど現実はムリ

Answer 26

↓正解は「相手の立場に立つ努力をする」

よく、「相手の立場で考えなさい」と言われますよね。

わたしたちは、相手の立場に立つことができます。

ただ、それはとても難しいことでもあります。

でも、相手の立場に立とうする努力は必要ですし、していきたいものです。


自分と同じ人間はいないので、相手がどう感じているか、どう対処しようとしているかを聞き出したところで、本当のことを言っているのかどうか、実際はわかりません。人の立場に立つことは、極めて難しいことなのです。

相手の立場に立とうとしても、完全に一致することは、まずないと言っていいでしょう。それでも、「近いところまで行こう」とする努力は必要です。

人間は、すべてを表現することはできません。考えや想いすべてを言葉にすることは、できないものなのです。でも、わたしはすべてを言葉にすること、正しく表現することを推奨しています。そうしなければ、相手に伝わらないからです。

こちらも相手の立場になろうと意識して向き合い、相手にもこちらの立場になろうと努力をしてもらう。

こうして接点をつくり、相互理解を深めていきましょう。

仲を深めていくには、とくに言葉の使い方が重要です。

相手の言いたいことを正確に受けとめて、判断するには、こちらも正確に伝える必要があります。


他人なので、どうしても誤解は生まれるものです。

でも、誤解したままで行動を起こしても、間違った結果にしかなりません。そうならないように、相手の立場に立とうとする努力は誰もがすべきことでしょう。


完璧に相手の立場に立つことはできませんが、最初からあきらめていたら、絶対にわかり合うことはできないのです。最初の段階で、お互いの言葉の意味を正確に理解し、把握してから行動を起こしたほうが、全体にとっていい結果につながるはずです。

Dotchi? 27

伝えたいことは…？

↓察してほしい

↓しっかり言葉にする

Answer 27

↓正解は「しっかり言葉にする」

家族で食卓を囲んで魚を食べようとしているとき、パートナーに

「ちょっと、それ取って」

と言うことはありませんか？

魚に箸をつけようとしている瞬間にそう伝えるということは、醤油を渡してくれることを期待しますよね。でも、パートナーが日本人ではなく、どこか別の国の人だったら、ケチャップを渡されるかもしれません。そうすると、

「え？　魚を食べるときにケチャップを渡すなんて……」

と思ってしまうかもしれませんね。

でも、パートナーの食文化からすれば、

「食事中に『それ取って』と言われたら、ケチャップを渡すのが当然でしょう？」

と思っている可能性もあります。ここが、大切なポイントなのです。

「それ」が何を指すのか確認しないままでいると、醤油とケチャップの食い違いが起こり、間違える確率が上がります。

そもそも世の中には、醤油とケチャップの2種類だけではなく、無数の調味料があるので、

「それ」が何なのか、しっかり言葉にするべきなのです。

仕事の現場では、この食い違いがとても頻繁に起こっています。

言葉ではっきり伝えていないのに、相手が間違えた、自分の話を聞いていない、役に立たない、仕事ができない、と言ってしまっていませんか？

言われた側も、「無能」「無力」と言われれば、落ち込みますよね。

心理的安全性を保つためにも、はっきりと言葉にすることを意識したいものです。

Dotchi? 28

礼儀、挨拶は…？

↓仕事のうち

↓それと仕事は関係ない

Answer 28

↓「礼儀、挨拶は仕事のうち」が正解

問いでは「礼儀、挨拶は仕事のうち」と書きましたが、本来挨拶は、仕事でも仕事以外でも関係なく、どのシーンでもするべきものです。

シンプルに考えれば、挨拶をしないのは無視されているのと同じです。

人と人とが集まる場面で礼儀を尽くしてもらえず、挨拶もしてもらわなければ、心理的安全性が保てないでしょう。幽霊や透明人間のように、存在が認められていない状態では、とても安全な環境とは言えません。

挨拶とは、そもそもお互いの存在を認め合うためのものです。

「山」「川」の例であげたように、お互いに敵ではないことを確認する目的もあります。

日頃から、礼儀や挨拶は、上司でも部下でも関係なく、自分から率先してできるよう心がけていきたいものですね。

Dotchi? 29

相手に合わせる人は…？

↓調和に必要

↓ただのいい子アピール

Answer 29

↓調和のためには、相手に合わせる人も必要

世の中にはいろいろなタイプの人がいます。相手に合わせるのが不得意な人や、相手に合わせない人、自分の考えや主張を曲げない人も、たくさんいますよね。

みんなの意見を出して話し合いたいときに、

「お前たちはみんな間違っている。俺が正しい」

「いや、あんたこそ間違っている」

「いやいや、俺が正しい」

「ちょっと待て、俺だって」

…とお互いに譲らなくなってしまったら、キリがありません。

いつも言い争いが絶えない職場にいると、気持ちも落ち込みますよね。

派閥争いも同様です。幹部社員の仲が悪いと、部下は迷惑な思いをします。

もしかすると、直属の上司の「○○派」にいるふりをしながら、

「もう、いい加減にしてほしい…」

と思っている部下もいるかもしれません。

不都合な状況のなかでも仕事を進めていくには、相手に合わせて調和をとる人、潤滑油にな

れる人が必要なのです。

「まあまあ、常務も部長もそうおっしゃらずに。お互いに考えは同じですよ」と言えるような人がいると、全体がうまく回るようになります。

基本的に、人は、「よくしゃべる人」、「黙り込む人」、「我関せずの人」の3タイプに分かれます。そこに潤滑油のような人がいれば、落ち込むメンバーが出るのを防ぎながらコミュニケーションをとれるはずです。

「主張する人」「観察する人」と「論理的な人」「感覚的な人」のマトリクス

会社組織には、どのタイプの人も必要です。では、よくしゃべる人や潤滑油になる人がどのようなバランスでいると、理想的な職場になるでしょうか？

次のように、4つのマトリクスで考えてみましょう。

まず、縦軸を「主張する人」「観察する人」でとります。

そして、横軸を「論理的な人」と「感覚的な人」でとってください。
①「**主張する**」「**論理的な人**」…このタイプは1割いればいいでしょう。中小企業の社長や組織のリーダータイプです。
②「**主張する**」「**感覚的な人**」…元気がよくて、よくしゃべる、その場を明るくするタイプで

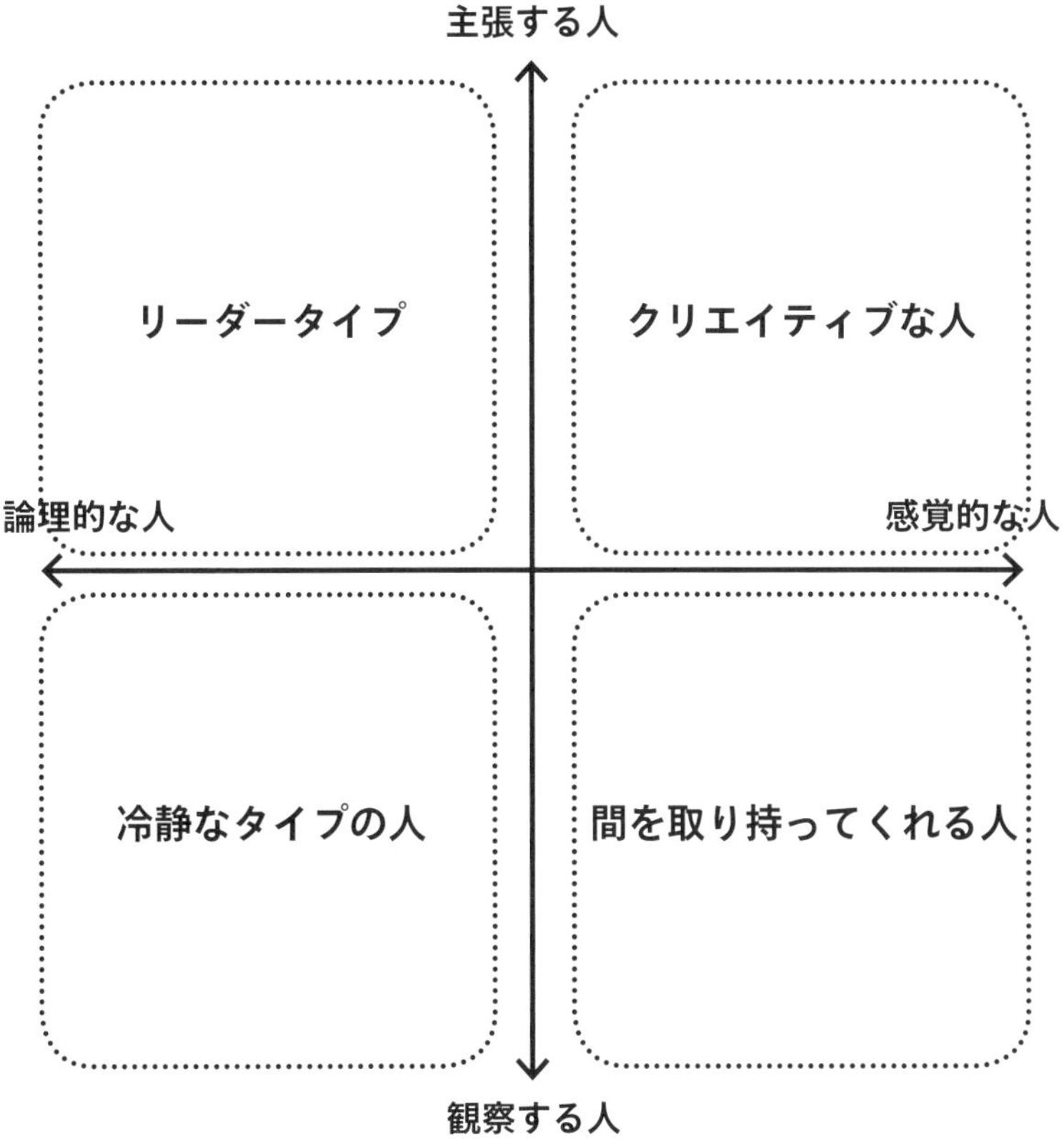
主張する人
リーダータイプ
クリエイティブな人
論理的な人
感覚的な人
冷静なタイプの人
間を取り持ってくれる人
観察する人

す。いわゆる「クリエイティブな人」ですね。このタイプは、2割ほどいればいいでしょう。

③「**観察する人**」「**論理的な人**」…じっと場を見ていてあまりしゃべらない、データを重視する冷静なタイプの人です。このタイプは、3割いると理想的です。

④「**観察する人**」「**感覚的な人**」…間を取り持ってくれるのは、このタイプの人たちです。あまりしゃべらない感覚的なタイプの人は、全体の4割いるといいでしょう。

実際、日本人全体を4種類に分類すると、この理想の比率に分かれると言われています。

リーダータイプの人は、10人中ひとりいれば十分です。逆に7～8人もいたら、話がややこしくなってしまうでしょう。

自由に動いて、新しいものを見つけ、場をかき混ぜてくれる人が2人。

データを元にきっちり分析をして、正確な意思決定の材料を与えてくれる人が3人。

そして、全体のバランスを見ながらどこへでも行ける人が4人。

このようなバランスが理想的です。

日本人特有の同調圧力に迎合する国民性は、④の4割の人の働きが大きいと言えるかもしれません。

心理的安全性を高め、みんなが落ち込まない職場環境をつくるには、相手に合わせる人の存在も必要なのです。

Dotchi? 30

隣の人が出す音が…？

↓気になる

↓そんなの気にしていたら

仕事が進まない

Answer 30

↓「隣の人の音が気になる、もしくは気にする」が正解

隣の席の音がいつも気になるようでは、なかなか仕事に集中できません。

とは言え、音にはさまざまなものが含まれますし、実際のところ気になってしまうものですよね。

職場の心理的安全性という観点で考えると、隣の人が何をしているのかは、ある程度気にしたほうがいいといえます。

たとえば、まわりがいまどんな仕事をしているのかを知っておくことも、大切です。

もし隣の人が誰かとＬＩＮＥで頻繁にやり取りしている場合には、

「さっきから誰かとＬＩＮＥしているみたいだけど、何かあった？」

というふうに気にかけたほうが、場が乱れるのを防げます。

生活音が気になって集中できないケースもあるとは思いますが、生活音を気にしていたほうがいいケースもあるのです。

気になったら、まずは声かけをしよう

「声をかけるときには、どうやって『あなたのことを気にしていますよ』ということがわか

るように行えばいいのでしょうか？」

という質問を受けることもあります。こういうときは、あまり深く考えすぎず、気になったときに、「どうしたの？」と声をかける程度でもいいのではないでしょうか。それだけで、声をかけてもらった側は「あ、自分のことを見てくれているんだ」と思え、心理的安全性を感じることができます。

先ほどのＬＩＮＥのケースも、もしかすると「離婚の危機だ」というくらい、深刻な場合もあるかもしれません。いきなり一方的に注意してしまうと、追い討ちをかけて、さらに場の雰囲気を悪くしてしまうかもしれません。ですから、

「仕事中にＬＩＮＥなんかをしたらダメだよ」

とは言わず、まずは「どうしたの？」と様子を伺いましょう。

理由がわかると、こちらも過剰に気にならなくなるかもしれませんよ。

Dotchi? 31

夢を語ることは…？

↓リーダーには必要だ

↓もっと現実を見たほうがいい

Answer 31

↓リーダーは夢を語ろう

組織のリーダーは、夢を語りましょう。

大切なのは、リーダーが明るい未来を見せてあげることです。

正確には「夢」ではなく、「将来像」と言ったほうがいいかもしれません。

じつは、将来像が見えないために、多くの人が不安を抱えているのです。

もしかしたら、リーダー自身も将来が見えていないかもしれません。でも、リーダーという立場の人から将来像を見せてもらえれば、部下の安心材料になり、全体の落ち込みを防ぐことができます。「このままがんばっていれば、こんな将来になるかもしれない」と思えれば、仕事をがんばる勇気もわいてくるものです。部下のためにも、リーダーは夢を見て、将来像を語っていきましょう。

リーダーは風呂敷を広げて、ステージアップしよう

夢と空想は似た概念ですが、リーダーの語る「夢」には、「空想」と違って根拠が必要です。

おそらく、リーダーが夢を語るときに一番つらいのは、部下から、

「本当にそんなことになるんですか？　根拠、証拠を見せてください」

と言われることでしょう。ですから、夢を語るにあたっては、

「そう言うと思ったから、データを用意したよ。だから、実現できるよね」

と言えるよう、根拠を用意しておく必要があります。

リーダーが部下を安心させるために夢を語る際、根拠を見つけて理論武装することで、結果的に実現できる可能性が高まっていきます。実際、夢を語ろうとするリーダーは、その根拠を探し出します。そして、その根拠を元に夢が現実化していくのです。

実現したときには、リーダーのステージは大きくアップしているはずです。部下に夢や将来を語ることは、結果的にリーダー自身にとっても大きなプラスになるのです。ですから、まず最初にリーダーが夢を持って、風呂敷を広げてみてください。部下の不安を解消し、リーダーの能力やステージを上げるきっかけになるでしょう。

Dotchi? 32

ひとりになると…？

↓不安になる

↓ひとりの時間がないと

集中できない

Answer 32

↓結論は、「ひとりになって集中する時間を持ったほうがいい」

どんなタイプの人も、仕事場では、ひとりになって集中する時間を持ったほうがいいでしょう。

「ひとりきりになると不安を感じる」

という声をよく耳にしますが、仕事は本来、自分の役割をひとりでこなすものです。

通常のオフィスワークであれば、共同作業はほとんど存在しませんよね。

ここで言う、共同で作業を必要とする仕事とは、たとえば大工さんがカンナをかけるときに、誰かに材木を押さえてもらうというような場合のことを指します。

オフィスでパソコンに文章を入力する際、「わたしが打ち込むから、読んでくれる？」というやり方は、あまりにも非効率ですよね。ひとりで行うのが基本です。

仕事場でひとりきりか否かは、共同作業が必要なのではなく、ただまわりに人がいるかいないかの違いだけなのです。

まわりに人がいる環境では、集中しづらい面もある

「ひとりでは不安だから、まわりに人がいてくれたほうがいい」

という人は一定数います。ただ、不思議なことに、人間はまわりに人がいると無意識に相手に話しかけてしまうものなので、「いま言わなくても…」という話をして、人の仕事を邪魔してしまうということが起こります。

悪気はなくても、ひとり言を言う人、急に席を立ったり、体操をはじめたりして、気が散る動きをする人など、職場にはさまざまな人がいるものです。

ですから、仕事の生産性を上げるためにも、短時間でもいいので「ひとりの時間」をつくって仕事に集中できる環境をつくりましょう。

「集中タイム」を取り入れてみよう

ちなみに弊社では、「集中タイム」を取り入れたことで、生産性が上がりました。

いまは、クライアント企業にもおすすめし、効果が出てきています。

この「集中タイム」とは、「○時から○時までは、外線の電話を取る人以外は誰にも話しかけず、集中して仕事をしましょう」というものです。

「集中タイム」中は、外部へのメールや電話も一切せず、メールもＬＩＮＥも開きません。全員がいまやるべき仕事にだけ集中することで、パフォーマンスが格段に上がります。それだけ、目の前の仕事に集中できる環境づくりは重要だということです。

リモートワークは、不安にならない方法で集中力を保とう

自宅でのリモートワークは、話しかけてきたり、気になる動きをしたりする人がいない分、本来なら、生産性は上がるはずです。

それでも、やはりひとりでは不安になってしまう人も多いのでしょう。

昨今言われている「リモートうつ」も、それが原因と思われます。

まわりにある程度人がいたり、音があったりしたほうが落ち着いて集中できるという人は、街のカフェでリモートワークをするなどの工夫をするといいでしょう。

Dotchi? 33

成果は…？

↓環境で変わる

↓どんな環境でも働ける

Answer 33

↓「環境で成果が変わる」が正解

たびたびお話ししてきましたが、仕事のパフォーマンスは環境で大きく変わります。

ただ机の整理整頓をするだけでも、成果が変わるのです。

オフィス内のすべてのものの定位置を決めることで、ものを探す時間が削減され、生産性も上がるでしょう。


では、働きやすい環境をつくるための要素として、どのようなものが考えられるでしょうか？


まずは、いい道具を使うことです。

これまでにもお話しした通り、パソコンをデュアルモニターにすれば、仕事の効率はアップします。こうしたスペックを上げることも、おすすめです。いまだに旧式の、動きの遅いノートパソコンを使っている人がいますが、買い換えるべきでしょう。

デスクワークの人は、椅子やテーブルも使いやすいものを選んでください。照明や空調なども、大切な要素です。そして環境の最大の要素は、一緒に働く人です。

誰と働くかによって、成果は格段に変わります。

日本の会社にはひとつ、特異な点があります。それは、工場でも公務員でもない、消防署でもない職場で、制服を着て仕事をする会社が多いことです。「制服」も、環境をつくるひとつの要素です。制服を着用することで、目から入ってくる情報が統一されます。服装が自由なことで、場が乱れるケースもあるのですが、制服には、そういったリスクがありません。日本ならではの素晴らしい発明と言えるでしょう。

気持ちよく仕事や学びができる環境を意識しよう

弊社も、環境にはこだわっています。来社して学びにきたお客様には、キレイな場所で、落ち着いた気持ちで、思い切り取り組んでいただきたいからです。雑然とした場所では、気が散ってしまって、集中して勉強できないものなのです。

環境によって、仕事も学びも、大きく成果が変わるのです。

Dotchi? 34

マイペースな人は…？

↓組織にいらない

↓やることをやっていれば

ＯＫ

Answer 34

↓マイペースな人も組織には必要

マイペースな人であっても、仕事の役割を果たせていればいいと、わたしは考えています。生産性の面だけを見ると、「マイペースでのんびりやらず、さっさと仕事をしてほしい」と思う人が多いのかもしれません。

でも、心理的安全性や、本章の「みんなが落ち込まない」というテーマで考えると、「マイペースな人をどうにかして変えよう。みんなのペースで仕事をさせよう」とすることで、場がピリピリしてしまうのではないでしょうか。

「マイペースではダメです。きちんと仕事をしてください」

と言われた人は、あなたの仕事は遅いから役に立っていない、と言われているようなもの。当然、本人は落ち込みますし、それを見ているまわりの人たちも、「次はわたしが指摘されるかもしれない…」と心理的安全性が脅かされることにつながってしまいます。これは、心理的安全性が低くなる要因である「無能と思われること」に関わる話で、企業からよく寄せられる相談でもあるため、注意が必要です。

チームの和を乱すレベルでなければ、マイペースを許容することも必要

社員のマイペースを、どこまで許容したらいいのかわからない、という相談も多くいただきます。たとえば、まわりの人たちの不快に思う度合いが、チームの限度を超えている場合は、「さすがにこれ以上はダメ」という基準を設ける必要があるでしょう。

時間にルーズで会議に遅れたり、待ち合わせに来ないとなると、他メンバーは「課長、いくらなんでもあれはひどいですよ。なぜ注意しないのですか？」と言いたくもなります。このように、チームの和を乱すレベルのマイペースは、さすがにＮＧです。許容範囲を判断する、ひとつの基準になるでしょう。

ただ、それも一概に言えない部分があります。本人のキャラクターによっては、同じ行為であっても意外に許せるケースも存在するからです。逆に、普段から他人の時間に厳しい人が会議に遅れてきたときは、誰でもイラッとしますよね。お互いにピリピリしないためには、マイペースな人をある程度許容する空気感も必要なのです。

Dotchi? 35

大勢の前でしゃべるのは…？

↓苦痛

↓1対1でしゃべるほうが

苦痛

Answer 35

正解は、「大勢の前でもしゃべれるほうがいい」

本章のテーマである「みんなが落ち込まない」ようにするためには、大勢の前でもしゃべれるほうが望ましいでしょう。大勢の前で話をしたり、発表したりすることを嫌う人もいれば、1対1のほうが緊張するからイヤだ、という人もいます。ただ、場の空気をよくすることを重視するなら、大勢の前でもしゃべれるほうがいいのです。

最近流行りの「1on1ミーティング」や評価面談といった最低限必要な場面はありますが、それ以外のものは、避けようと思えば避けられます。避けられないのは、「○○君、ちょっといいか？」と呼ばれて怒られるときです。

1対1が苦手で緊張するという人は、叱責される場面を想像しているのかもしれませんね。どちらにしても、1対1で話をする場面はある程度限定されますし、できるだけ回避することもできるでしょう。

みんなが集まる場所の心理的安全性が大切

心理的安全性を保つためにもっと大切なのは、みんなが集まっている場所の空気をよくすることです。たとえば、会議の場面で発言しやすい職場は、心理的安全性が高いと言えるでしょう。

「社長、提案があるのですが…」

と発言しても、

「お前の言うことなんか、どうせろくなものじゃないから、黙っていろ！」

「お前は口を開くと、いちいち俺にかみついて面倒くさい。お前がしゃべると、話が進まないんだよ！」

と言われてしまえば、どうしてわたしが会議に呼ばれたのか…と思ってしまいます。

無知・無能・邪魔・ネガティブの４要素のうちの、「邪魔」を自分がしてしまっていると感じることで、心理的安全性も失われ、大勢の前で話すことができなくなってしまいます。いかに大勢の前で話しやすい空気感にできるかが、みんなが落ち込まない会社をつくるために、とても必要なことなのではないでしょうか。

Dotchi? 36

感情表現がオーバーな
人は…？

↓嘘つき

↓自由でうらやましい

Answer 36

↓「自由でうらやましい」と思える職場のほうが、落ち込まない

オーバーなくらい感情表現ができる組織は、心理的安全性が高いと言えます。

現実には、嘘をつく人が何人もいる組織がありますが、そもそも「嘘つきな人」が混ざっている組織は、心理的安全性が低いと言えるでしょう。

いつも嘘をついている、本当のことを言わない。そんな人が多ければ多いほど、みんなが疑心暗鬼になってしまい、疲れますよね。わたしがもっとも苦手としているのは、まさに「誰も本音を言わず、駆け引きをするのが当たり前の職場」です。

嘘をつく人がいて、駆け引きをしなければならないような組織で働いているときは、いかに自分のメンタルを健康に保つのかを考える必要があります。平常心でいることが難しい環境で仕事をするときに大切なのは、「心の支え」を持つことです。

たとえば、心を許せる同僚や、そして自分を信頼してくれるお客様など「裏切れない人たち」を思い浮かべ、「自分が逃げてしまえばすべて崩壊する」と思えば、つらいときもどうにか踏みとどまり、がんばれるはずです。

Dotchi? 37

組織の適正な人数は…？

↓

何人でもよい

↓

一定の人数を超えたら

ルールが必要

Answer 37

↓50人を超えたら「ルールブック」を作成する

心理的安全性を考えるうえでは、「組織の適正人数」の目安があります。

もちろん業種によっても異なりますが、企業文化や価値観が保たれるフェーズは、30〜50人ほどではないかとわたしは考えています。

問題は、その30〜50人を超えたとき、企業文化や価値観を守るために、どのような工夫をするかです。これは、わたしがコンサルティング時に力を入れて取り組んでいることのひとつでもあります。

大切なのは、50人を超える人たちに対して、いかに企業文化を均一に伝えていくかということです。企業文化を伝えていくには、しっかりと時間を取ることと、「道具」を持つことが欠かせません。そのための道具として、わたしは会社の「ルールブック」をつくることをおすすめしています。ルールブックには企業の価値観をすべて記載し、記載した内容を元に教育をしていきましょう。そうすることで、相手に伝わる「質」を上げていくのです。

企業の文化を伝えるルールブックは、とても大切なポイントなので、改めて第4章で詳しくご紹介します。

Dotchi? 38

言いたいことを
言えるって…？
↓ラクでいい
↓相手の気持ちを
考えたほうがいい

Answer 38

↓「言いたいことを言えたほうがラク」が正解

言いたいことを言えない組織よりも、言える組織のほうが、コミュニケーションがラクであることは間違いありません。

もちろん、相手の気持ちを考えたうえで言わなければいけませんが、それすらも考える必要がなくなれば、風通しがよく、メンバーが身を置いていてとてもラクに感じられる場になるのではないでしょうか。

言いたいことを言える場をつくるために必要なアプローチは、「相互理解」です。

お互いを理解し合うプロセスを、事前に踏んでおくよう心がけましょう。

相互理解ができていれば、相手の気持ちを考えなくても、どこまで言っていいかが自然とわかってくるものです。

たとえば、冗談で「バーカ！」と言っても怒られないような、許容してもらえる関係性をつくれると理想的です。

そこまでの関係になるには、相手の生い立ちや、この会社を選んだ理由、プライベートがどうなっているのか、何に悩んでいるのか、将来何を目指しているのか…、といった深いところまで把握し、お互いにわかり合えている状態をつくる必要があります。

言いたいことを言い合える人間関係をつくるには、オフタイムに仕事以外のいろいろな話をする機会を持つようにするのがおすすめです（もちろん、オンタイムは仕事が優先です）。

これは同僚だけでなく、上司、部下の関係でも必要なこと。誰に対しても、心がけていきましょう。

風通しのよい環境を築くやすくなるはずです。

Dotchi? 39

すぐに行動できる人は…？

↓仕事ができる

↓あとで失敗するリスクがある

Answer 39

↓すぐに行動できる人のほうが、仕事ができる！

仕事ができる人は、失敗するリスクを考えるより、すぐに行動しています。

何事も、初動がとても大切です。

もし問題が発生しても、進めながら解決していくくらい、行動することを意識してください。

そのために必要なのは、日頃から準備しておくことです。

あらかじめ準備をしておけば、最初に何をすべきかがわかるので、初動が早くなり、失敗するリスクを下げることもできるでしょう。

ちなみに、わたしが考える「準備が完璧で初動が早い職業ナンバーワン」は、消防士です。

消防士の人たちが

「失敗したら困るから、ゆっくり行こう」

と行動していたら、大変なことになってしまいます。ですから、彼らは十分な訓練を行い、

いつでも動けるように完璧な準備を整えているのです。

これは、一般の会社でも同じことが言えます。

街の工務店に、いきなりスカイツリーを建設するような依頼はまず来ません。

それでも、急に仕事を振られてもいいように、仕事を受けられる人数やお金を用意しておきましょう。

会社でも、個人でも、想像を超える仕事が舞い込んでくる可能性はあるので、日頃から相応の準備をしておくに越したことはないのです。

たとえばコンサルティングの仕事なら、事前に多くの知識を身につけておくことで、いざというときのニーズに応えられる幅が広がるでしょう。

「動ける体制」を整えておくと、チャンスを逃すことがなくなるはずです。

Dotchi? 40

他人の評価は…？

↓気になる

↓どう思われても

やるときはやる

Answer 40

↓他人にどう思われても、やるときはやる

他人からどう思われても、やるときはやる。

これは当然のことのように思えますが、とくに日本人は他人の目や評価を気にするので、「こんなことをして、まわりから嫌われたらどうしよう…」と迷ったり、躊躇したりしてしまう人も多いのでしょう。

アドラー心理学の『嫌われる勇気』岸見一郎（ダイヤモンド社）という書籍がベストセラーになったのも、「嫌われたらどうしよう」と考えている人が多い証拠ですね。

でも、仕事であれば、たとえ他人にどう思われたとしても、勇気を持ってやらなければいけないときもあります。

この「やるときはやる」には、「やりたいと思っていること」と、「任務としてやらなければいけないこと」の両方が存在しているものです。

やらなければいけないことに対して「やめておこう」という選択肢などありません。

一方、やりたいことに対して、勇気を出して実行するかどうかは、本人次第です。

心理的安全性の観点で言えば、「やりたい」と思ったときにやれるほうが、安全性が確保された職場ということになるでしょう。

勇気を出して行動した先には、成功しても失敗しても、充実感を覚えられるのではないでしょうか。

よく言われることですが、人はやって失敗したことよりも、やらなかったことを後悔するものです。

ぜひ、「人の目を気にせずやるときはやる」を、心がけてみてください。

第3章　みんなが助け合えるの、どっち？

Dotchi?

Dotchi? 41

時間厳守を
求められるのは…？

↓窮屈

↓社会人として当たり前

Answer 41

↓時間厳守を求められるのは、社会人として当たり前

時間は、人に平等に与えられた大切な資源です。

そう考えれば、社会人として時間を守るのは当たり前のことですね。

貴重な「時間」を有効に使うために、企業ごとに、さまざまな効率化の施策を考えていく必要があるでしょう。

弊社は企業向けのコンサルティングを行っていますが、担当ひとりあたりの顧客数が60社と、業界内でもかなりの高水準だと自負しております。

コンサルの頻度は、多くて月2~3回、少なければ3ヵ月に1回程度です。

その他にも、コンサル契約をしたうえで、さまざまな講座に出席していただき、1対多数という形で、複数社に向けてコンサルを行う場合もあります。

弊社が提供しているプログラムには、CCS（コーポレートカルチャースタンダード）という、企業ごとのさまざまな価値観を文章化するものがあります。

このプログラムに沿って、CCSの内容を充実させるための講座が月に1~2本あるので、さまざまなお客様に参加していただいています。

さらに、一度に5人まとめて参加してもらうグループコンサルティングの場では、1社ずつコンサルを行っているのを他の会社の方にもシェアする、という方法も提供しています。

弊社は、より数多くの顧客に対応するためにはどうすればいいのかを考えて、いまの形になりました。

このように、創意工夫によって、時間は効率化できるのです。

職場で時間の効率化をはかれる要素はないか、ぜひ考えてみてください。

Dotchi? 42

役に立たないと思われたく
ないので…？
↓
気が休まらない
↓
役に立つ行動をするのみ

Answer 42

↓正解は「役に立つ行動をするのみ」！

自分が人の役に立つか、立たないかを考えすぎて気が休まらないのなら、役に立つ行動をすることでしか、解消されません。

よく、「居場所がない」と言う声も聞きますが、そう言う人たちは、会社や組織にとって何らかの役に立っているという「実感」がほしいのでしょう。

ただ、自分の行動がどうなのかと悩み、考えたところで、結論が出ることはありません。誰かの役に立っている実感を得るには、自分で考え、誰かの役に立つ行動をしていくしかないでしょう。

本章のテーマである「みんなが助け合う」という観点から見ても、役に立つ行動をするほうがおすすめです。

誰の役にも立っていない、邪魔ばかりするような人のことを助けたい人はいませんよね。いつも誰かに尻拭いをさせている人を、みんなでやむなく助けることは、組織では仕方のないことかもしれません。

でも、チームの足を引っ張って、組織の利益を邪魔しているわけですから、まわりは「もっときちんとしてくれよ…」という気持ちになってしまうものです。

「みんなが助け合う」という観点から見ても、苦手な仕事をサポートする、仕事が特定の人に集まったときに手を貸すといった形で貢献するほうが、役立つ行動として「助け合い」が起こりやすくなります。

せっかく動くのであれば、ミスをカバーし合うだけなく、発展的に役に立つ行動をしていきたいものですね。

Dotchi? 43

上司に怒られることが…？

↓気になって仕方がない

↓怒られても受け流す

Answer 43

↓「一度受けとめたうえで、受け流す」が正解

上司に怒られることを気にしてばかりいるのと、怒られても受け流すこと。これは、一概にどちらがいいとは言い切れません。上司やまわりにどう評価されているか、ということばかり気になる職場は、心理的安全性が低いと言えます。心理的安全性の面から考えると、怒られても受け流せるほうが好ましいのかもしれませんね。

ただ、すべて受け流して終わりではなく、注意を受けた点は、一度しっかりと受けとめるべきです。信頼関係があって、コミュニケーションも取れていれば、指摘された内容をいったん受けとめて反省することで、次に向かうことができるでしょう。

怒られたことで足が止まったり、ストレスになったりしてもよくないので、一度受けとめて、自身を省みたうえで受け流す、という対応が理想的ですね。

怒られても上手に受け流せる人は、まわりにいい影響を与えてくれます。

とくに、心理的安全性が確保された職場であれば、お互いの行動がポジティブに影響し合い、社員同士の振る舞いから学び合うこともできるのです。

Dotchi? 44

マルチタスクは…？

↓かえって効率が悪い

↓一度に多くのことが

できないのは「無能」

Answer 44

↓マルチタスクはかえって効率が悪くなる

いまの世の中では、「マルチタスク」がもてはやされていて、複数のことを同時に進められる人のほうが優秀で、能力が高いと思われる風潮があります。

でも、現場を見ているとマルチタスクのほうがかえって効率が落ちるため、本当はひとつずつこなしていくほうがおすすめです。

たとえばデュアルモニターを使っている人が、２つの大きな画面でさまざまなファイルを開いていたとしても、同時に複数の操作をすることはできません。また、パソコンの機能としても、ポインタは一度にひとつしか指し示すことはできませんよね。

つまり、複数の仕事を抱えていたとしても、同時には行っていないのです。

複数の作業を1分ごとに順番に処理しようとしても、内容を思い出しているうちに、時間が経過してしまうため、極めて効率が悪くなるでしょう。

よく、専業主婦の人たちは、マルチタスクをこなしていると言われますが、よく考えてみると、一度にひとつの作業しか行っていないことがわかります。

マルチタスクの一例でよく聞くのは、洗濯機を回しながら晩ご飯の支度をして、お鍋で具を煮ている間にささっと掃除をする。そのうちに洗濯が終わり、お鍋の様子を確認してから洗濯物を干す…といった工程です。

でも実際は、洗濯機に洗濯物と洗剤や柔軟剤を入れているときに、大根を切っているわけではありませんし、掃除機をかけながら洗濯物を干してもいません。つまり、正確に言うと「マルチタスク」ではなく、「別の仕事を、順番に要領よく行っている」という表現が正しいのではないでしょうか。

デスクワークに置き換えるなら、動画編集後、パソコンが保存処理をしている間に、事務仕事を行う。これが、現実的に効率を上げるための一番の方法なのです。

マルチタスクの真の意味を理解し、安全性を保とう

マルチタスクは、「一度に複数の作業を行うこと」と思われがちですが、本来の定義は「ひとつの『塊』の作業を終えて、次の作業を効率よく行う」というイメージのほうが正しいでしょう。朝寝坊をしたときに、パンを食べながら着替える…というように、流れ作業で同時にできることは、してもいいとは思います。ただ、多くの仕事は一つひとつ独立したものです。無理に複数の作業を同時に進めないようにしましょう。

この項を設けたのは、「マルチタスクができる人のほうが優秀」「できなければ無能」という

評価を受けやすいからです。たとえば、上司が部下に仕事をお願いしたいとき、

「いえ、わたしはいまこれをやっているので、できません」

と断る人がいても、マルチタスクができない＝無能というわけではありません。

単に、優先順位の問題ですから、

「わかりました。いまやっている仕事が終わってからお願いできますか？　優先順位は２番目でも結構です」

とお願いすれば、解決するでしょう。上司側が部下の取り組んでいる仕事の優先度を理解していれば、心理的安全性を保ったまま仕事を依頼することは容易なことです。

ただし、仕事の依頼の仕方は、上司への不信感につながることもあるので注意しましょう。

日頃から相手への理解や、助け合う姿勢をつくることが大切です。

Dotchi? 45

まわりが賛成すると…？

↓

つい賛成する

↓

多数派だけが正しいとは思わない

Answer 45

↓「多数派だけが正しいとは思わない」が正解

意見が割れたとき、多数決で決めるケースも多いかと思いますが、それは便宜的な方法であり、いつも多数派が正しいとは限りません。

また、社長であっても上司であっても、間違えることはあります。そのときに「間違っている」とまわりが言えなければ、裸の王様になってしまうでしょう。

実際のところ、神様のような扱いをされる「カリスマ社長」が経営する会社は、長続きしないことが少なくありませんし、急成長した例もあまり見かけません。

カリスマ社長の判断はほぼ正しいことが多く、パワフルで仕事もできる、すごい人たちです。でも、一度言い出したら他人の言うことを聞かないことも多いでしょう。その結果、まわりが「きっとうまくいかないだろうな」と思いながら動いていき、案の定うまくいかなくなるのです。

当然、業績も悪くなりますが、普段社長の指示待ちになっている社員たちが、急に「自分たちでなんとかしよう」とは思わないので、業績は落ちていってしまいます。

やみくもに反対する必要はありませんが、多数派だから、社長が言ったから正しいと思わずに、社員一人ひとりが自分の意見をしっかりと持つようにしましょう。

提案する側はよりよい案を提示し、受ける側は頭ごなしに否定しない

ところで、多数派がいるなかで自分が違う意見を言う際には、どのように切り込めばいいと思いますか？　どんな意見でも、言い方はとても大切です。たとえば、「それは間違っています！」といった意思表明では、通るものも通らなくなるでしょう。

わたしのおすすめの方法は、よりよいものにする、という切り口で提案することです。

「よりよい結果を生み出すために、提案してもよろしいですか？」

と言って、有力な「Ａ案」をベースにした「Ａ'案」を提案すると受け入れられやすくなるでしょう。

また、人と意見が違うときも、頭ごなしに否定しないようにしましょう。

否定してしまえば、提案した側は、心理的安全性を下げてしまう４つのパターンのいずれかに触れてしまいます。

「いま決まりかけていたものを蒸し返す気か？」

と言われれば、また一から考えなければいけません。

とくに多数派の人たちと意見が分かれてしまった場合は、受けとめることを大前提としつつも、少数派のいろいろな意見も聞くように心がけられるといいですね。

Dotchi? 46

相談されると…?

↓時間を取られるのでイヤ

↓信頼されている証拠なのでうれしい

Answer 46

↓相談されたら「信頼されている証拠なのでうれしい」と受けとめよう

上司であっても同僚であっても、先輩や後輩であっても、人から相談されたら「信頼されている証拠だから、うれしい」と考えるのが正解です。

とくに、部下に相談できる上司は、とても有能と言えるでしょう。

なぜなら、部下を信頼し、自分よりも部下のほうが得意なことがあると認められる器があるからです。

上司だからといって、すべて自分で考えて決める必要はありません。部下に相談したほうが正しい答えが出るのであれば、仕事を早く進めるために相談すべきです。

部下も、上司から相談されて悪い気はしないものでしょう。部下に対して「ちょっと教えてくれる?」と言える上司がいる会社は、心理的安全性が高いと言えます。

なかには、自分でわかりきっていることでもわざわざ部下に相談することで、気持ちよく仕事をしてもらうという上司もいます。

これは、人の心理をうまく利用した、かなりの高等テクニックですね。

具体的な例をあげると、たとえば、

△「これをやっておいてくれる？」

と言うよりも、

◎「○○君、教えてもらいたいんだけど、いいかな？　これはどういうことだろう？　そうなんだ、君はよくわかっているね。悪いけれど、やってくれるかな？」

と伝えたほうが、部下も主体性を持って気持ちよく取り組めるようになるのです。

相談する側はマナーを守り、受ける側は相談しやすい雰囲気づくりを

部下から上司に相談するときには、気を遣う人が多いかもしれません。

もちろん、忙しそうなときや外出先から帰社してすぐのタイミングは遠慮するといった基本的なマナーは大切ですが、心理的安全性が確保されている職場なら、あまり顔色を気にしたり、頃合いを見計らったりする必要はないでしょう。

また、相談される側として気をつけたいのが、相談されやすい雰囲気をつくる態度やリアクションです。大切なのは、まずはきちんと聴く「傾聴」です。できれば相手の話の途中で口を挟まず、最後までよく聴きましょう。

もしそれが難しいときは、
「ちょっと待って。後でいいかな？」
と断ったほうが、焦った状態で聞くよりもいいですね。出張に出かける直前であれば、機会を改めてもらうのがベストですが、もし急を要することであったら、駅までのタクシーのなかから電話をするといった提案も悪くないでしょう。

一番悪手なのは、「自分で考えて！」と突っぱねてしまうことです。

たとえ事情があったとしても、そのような対応をする人には相談が来なくなります。相手に「無能」「無知」「邪魔」という心理が働くからです。

とくに上司の場合、部下の心理的安全性にも関わるので、相談されやすい雰囲気づくりを心がけるようにしてください。

Dotchi? 47

いきなり仕事を振られると…？

↓

パニックになる

↓

急な仕事でも
覚悟はできている

Answer 47

↓いきなり仕事を振られても、覚悟ができている状態にする

仕事は、ジワジワと来るのではなく、急にやってくるものですから、「急な仕事でも、覚悟ができている」ことが正解です。たとえば、

「○○さん、新しい仕事をお願いしたいのですが、今日はこれくらいにしておきましょう。ジワジワとお伝えしますので」

と言われても、むしろ気になるからその場で言ってほしいと思うはずです。やはり、仕事は急に来るものなのです。

「急な仕事を覚悟する」と緊張してしまいますから、「仕事は急に来て当たり前」と認識しておくくらいがちょうどいいかもしれません。

急に仕事を振られてもパニックにならずに、対応できる状態が整えられていればＯＫです。急な仕事への耐性は気持ちの部分が大きいのですが、スケジュールに少しゆとりを持たせておくようにすると、より安心できるでしょう。

勘違いしてほしくないのは、スケジュールに2割余裕を持たせた場合、その2割で遊んでいいわけではないということです。また、スケジュールが詰め込まれている状態であっても、仕事の依頼が来たら受ける、という意識も持っておかなければいけません。

新たな仕事を受けることによって、自分のキャパは確実に広がりますよ。

「空き」はつくるもの

ここで、トリビアをひとつお話ししましょう。

満員電車のとき、運転手さんが意識的に急ブレーキをかけたり急発進をしたりすることがあるそうです。それは、急ブレーキや急発進をして揺することで、車両に隙間が生まれ、次の駅で何人か乗れる状態になるからとのこと。

これは仕事でも同じです。

仕事は急に来るものと覚悟し、新たに入ってきたら、どうすればそれをこなせるのかを考えて詰め込む。そうして、自分のキャパシティを増やしていくことが大切なのです。

もっとも、あまりにも打ち合わせやアポイントのスケジュールを詰め込みすぎてしまうと、事務的な仕事の時間を確保できずパンクしてしまうこともあります。

そうならないためには、事前に2割分の「空き」をつくっておき、空いた2割のところに仕事が入らなければ、勉強の時間に充てるようにするといいでしょう。

ただ、毎日2割分の空きを設け、毎日勉強する時間があるという場合は、明らかに仕事量が不足しています。

空けてある2割は、結果的に埋まるほうが理想的です。

目安にしてください。

Dotchi? 48

言う必要のある意見は…？

↓ついひと言が出てしまう

↓人前では意見を言わない

に限る

Answer 48

↓言う必要のあるひと言が出てしまうほうが、安全な組織

言わなければいけないことがあっても、言っていいものか、言わないほうがいいのか迷う人も多いでしょう。でも、助け合える安全な組織であれば、言う必要のあるひと言は、自然と出てしまうほうがいい状態です。

「何かうまくいかない要素があるのではないか……」「もっといいやり方があるのではないか……」と思ったときには、率直に伝えましょう。

このようなひと言は、状況を改善しようと考えているからこそ出てくるものです。たとえば、わたしの場合、Ｚｏｏｍの打ち合わせが迫っているのにうまくアプリが起動せず、いろいろと設定を変えてみてもうまくいかないことがありました。

そのとき、まわりの人が、自分では思いつかなかった提案をしてくれて、無事に解決しました。あえて言ってくれたから、解決することができたのです。

思ったことは言ってみましょう。結果的にいい方向へつながることも多いものです。

「前に進むためのひと言」を心がけよう

思ったことは言ったほうがいい――。それは間違いないのですが、一方で、言わなくてもいいひと言もあります。たとえば、「だから、言ったじゃないですか！　最初から言っていましたよね？」といった言葉です。ネガティブな言葉や、思いつきで出てくる「心の声」は、できるだけ控えたほうがいいでしょう。

ただし、こうした思いつきで話す人の心理的安全性も、考慮しておく必要があります。話すことを許容することで、本人にとっては心理的安全が保たれます。

まわりも、「そういう人」であるとわかっていれば、上手にやりすごせるでしょう。

ひとり言が多い人に対して、ひとり言を禁止すると、全体の空気も変わってしまいます。「ひとり言禁止」という命令が出たことで、指摘された側は、香水や髪型、足音、ファイルの綴じ方…などの他のことにも注意を受けるのではないか、という心理が働きます。そうなると、いろいろなことを気にする風潮が生まれ、社員全員の心理的安全性が下がってしまうため、ある程度の「許容」は必要と考えられるといいですね。

Dotchi? 49

会社の人間関係は…？

↓イヤでバリアを張る

↓人付き合いがあってこそ

会社

Answer 49

↓正解は、「人付き合いがあってこそ会社でしょ?」

会社の人間関係を面倒に思う人もいますが、人付き合いがあってこそ、「会社」ではないでしょうか。会社という組織は、さまざまな人が集まって成り立っています。

会社組織では、それぞれのルール、もしくはマナーやモラルを前提に人付き合いをして、お互いに助け合い、協力し合って仕事をするのが理想的です。

そうすることで、社員も安全な環境で働けて、成果も出やすくなるでしょう。ところが、人間関係にバリアを張ってしまうと、仕事を頼まれにくくなってしまいます。

近年はリモートワークが主流になってきました、そのため、社内規定の範囲を超えて、出社を拒否する人の相談も増えてきています。

上司や社長が出社をうながしても、頑なに出社しない人が一定数いるのです。

本来は放置していい話ではないので、解雇するという選択肢もあるでしょう。

でも、もしその社員のスキルが高く、お客様からの評判もよく、社内の誰も知らないことをその社員だけが知っているとなると、安易に解雇するわけにはいきません。

このようなときには、まずその社員を雇っていることによる採算を計算してみましょう。採算がプラスであればいいのですが、マイナスだった場合、本人と今後のことをしっかり話すべきです。

一社員が、規定を破ったままズルズル在籍するのはよくありません。勝手な振る舞いを続けている人がそれなりのポジションにいると、他の社員の士気に影響します。社長への不信感も募るでしょう。

「なぜ、あんなことが許されるの？　あれが許されるなら、この程度のルール違反は全然OKでは？」と基準値が変わってしまいますし、社長を信じられなくなります。結果的に、社長にとっての心理的安全性が低い組織になってしまうことになるのです。

先ほどの例で言うと、リモートワークのまま続けてもらうのか、出社してもらうのか、解雇するのか、社長が明確に方針を出しましょう。正社員ではなく業務委託会社に移行してもらうことも、ひとつの方法です。極端な例でしたが、人付き合いにバリアを張ると、社内に悪影響を及ぼすこともあることを認識しておきましょう。

Dotchi? 50

仕事以外の話は…？

↓付き合うのはイヤ

↓いい息抜きになる

Answer 50

↓「仕事じゃない話に付き合うのもいい息抜きになって助かる」が正解

リモートワークが主流となると、仕事と関係のない話に付き合う機会が減ります。その分、雑談の時間ができたら、「いい息抜き」と考えましょう。

「リモートうつ」になる人が増えている原因のひとつは、人との会話が不足しているからではないでしょうか。

弊社でも、「雑談しながらでなければ、仕事のペースがつかめない」ということで、会話が止まらない人たちがいます。

別の章でお話しした「集中タイム」では、別室に移動して集中してほしい気持ちもありますが、「雑談をしないのはイヤ」という人もいます。仕事のしやすさは人によって違うので、お互い、ある程度許容することも必要でしょう。

雑談が大切な理由は、他にもあります。

上司が部下をマネジメントするにあたっては、プライベートのことも把握する必要があるのですが、その情報は雑談のなかでしか得ることができません。

パートナーと仲良くやっているのか、最近子どもが自転車で転んでケガをした、昨日の晩ご飯がおいしかったといった話は、優秀な上司ほど知っているものです。

たとえば子どもが留学したいと言いはじめたなら、

「稼がないといけないな。がんばろう！」

といった声かけができる上司は、人心掌握に長けています。

仕事以外の話ができない職場は、逆に生産性を落としてしまうのです。

本章のテーマである「助け合うこと」から考えれば、上司だけでなく、まわりの仲間同士で、お互いのプライベートを知っておくことが理想的です。

会社のメンバーの子どもが風邪を引いたとき、

「今日、仕事を代わりにやっておくから、早く帰りな」

という声かけができる職場は、心理的安全性が高いと言えますね。

プライベートを知るポイントは「相手に踏み出させる」こと

上司やまわりの人がプライベートのことを把握するときに、聞き方によっては違和感や圧迫感を与えてしまうこともあります。ですから、相手に「踏み込む」のではなく、相手に「踏み出させる」、つまり言いやすくするようにアプローチしましょう。

普段から話を聞き、信頼関係を築いておくことが大切です。

信頼関係があれば、厳しいことを言ってもハラスメントにはなりません。

なぜなら、根っこのところでその人のためを思っている、という大前提を相手が知っているからです。その人の成長、能力向上を本気で考えていることが伝わっているのであれば、無遠慮にプライベートに踏み込もうとしていると誤解されることはありません。「その人が抱えていることに対して、何か手を差し伸べることはできないかを知りたくて聞いている」ということが、前置きなどしなくても伝わるでしょう。

「家庭のことを話しても安全だ」と安心できたら、プライベートの話であっても、自分から踏み出してくれるようになるはずです。

Dotchi? 51

すぐ感動する人は…？
↓
嘘っぽい
↓
感性豊かな人は
ピュアだからこそ

Answer 51

↓すぐ感動する人は、感性が豊かでピュアな人

すぐに感動する人は、感性が豊かでピュア、まわりも嘘っぽく感じることはありません。人間なので、いろいろな感情がわくものですが、それを素直に出せるのは、その人が身構えなくていい安全な場所であると感じているということでしょう。

怒りの感情は、安全な場所でなくても出しやすいかもしれませんが、喜怒哀楽の気持ちをそのまま出せるのは、安全な場所と感じている証拠です。

たとえば、通勤電車のなかで、足を踏まれたとします。新品の靴なのに踏まれたら、とてもイヤですよね。そんなとき、

「今日な最悪！　新品の靴なのに、踏まれちゃったのよ」

と会社で言う人もいます。発言する人は、

「足を踏まれて、大変だったね」

と言ってほしいだけで、雑談コミュニケーションの延長にあたります。

でも、もしも、

「仕事に関係のない話をしないで。足を踏まれたからって、今日はサボるつもり？」と言い返されるような会社だったら、とても言い出せなくなってしまいますよね。

どんなことでも言える職場では、助け合いが生まれやすく、とても好ましいものです。

もちろん、ずっと喜怒哀楽を出しっぱなしで話し続けられては困りますが、ときどき話していても、手が動いていれば基本的には問題にする必要はありません。

ですから、過剰に制限しないほうがいいでしょう。

生産性が高い会社であれば、仕事がはじまることで、自然とスイッチを切り替えられる人が多いはずです。

Dotchi? 52

過去の失敗は…？

↓忘れられない

↓反省はするけれども

いちいち覚えていない

Answer 52

↓正解は「過去の失敗を反省しても、いちいち覚えていない」

過去の失敗にとらわれて、いつまでも引きずる人もいますが、反省はしても、いちいち覚えておく必要はありません。

大きな失敗をずっと引きずっていると、そのことが頭から離れず、次の仕事が手につかなくなったり、失敗を恐れて、思いきったチャレンジができなくなっていってしまったりします。

もちろん、失敗してしまったら、原因を発見して分析し、同じ失敗を繰り返さないよう対策を打たなければいけません。ただ、「感情」は覚えていない状態のほうが、落ち込みすぎず、その後も前向きに仕事に取り組めます。

誰でも失敗すれば落ち込むものです。ただ、人間は忘れるようにできていますし、ずっと落ち込んだままでは、本人のみならず、周囲にとってもよくありません。

事実はしっかりと分析し、「次はこのようにしたほうがいい」といった改善点を出したら、感情の部分は忘れたほうが建設的な形で次に向かうことができるでしょう。

Dotchi? 53

怒られた場面は…？

↓

フラッシュバックする

↓

褒められたこと以外

すべて忘れる

Answer 53

↓「褒められたこと以外すべて忘れる」が正解

怒られたりイヤな思いをしたりしたことのほうが、人の記憶に残るものです。

一方、いい思いをしたり、楽しかったりしたことは忘れてしまうことが多いでしょう。ただ、いつまでも怒られたことにとらわれていると、前を向くことはできません。

無意識に回想してしまうクセをやめるのはとても難しいことですが、大切なのは、フラッシュバックしたときに、立ち止まったままでいないようにすることです。

もし怒られたシーンが蘇ってきたら、

「失敗して怒られたことを思い出した。もう十分に反省はした。はい、次！」

と切り替えるようにしましょう。

褒められたことだけを覚えていて、他はすべて忘れたほうが、本人の心理的安全性の観点では望ましいのですが、上司側からすれば、失敗を忘れて調子に乗られても困る、と思うかもしれません。

ですから、怒られた要因を一度しっかりと受け止め、同じ場面が来たときには、細心の注意を払うのが一番の得策です。それさえ心がければ問題ないでしょう。

Dotchi? 54

他人が怒られていると…？

↓
自分も怒られている
気になる

↓
他人は目に入らない

Answer 54

↓正解は「他人が怒られていても、目に入らない」

自分以外の人が怒られているとき、その姿をわざわざ目に入れる必要はありません。怒られているのは自分ではなく、他人なのですから。

でも、一緒に怒られているような気分になって落ち込んでしまう人も少なくないため、上司は怒り方に気をつけなければいけません。

たとえば大勢の人がいる場面で、

「ちょっと来なさい。この報告書は何だ？」

と怒りはじめると、まわりにいる人たちも、仕事をしながら怒られている内容を聞いてしまいます。そして、「自分も怒られないように気をつけよう」と思ったり、「部長、今日は機嫌が悪いみたいだな…」とこっそり他の社員と言葉を交わしたりします。これは、まったく生産性がない場面と言えるでしょう。

まず、上司は部下を「怒る」よりも、「叱る」ようにしましょう。

そして、報告書の書き方といった、さほど重大ではないことを叱る場合は、みんながいるところで、できるだけ短時間で感情を入れずに、技術的なポイントだけを伝えるようにしてください。

重大なミス、たとえば請求書の金額を書き間違えた、請求書を入れ間違えたという場合は、もう繰り返さないように基本的に別室に呼んで「叱る」ようにします。

重要度によって対応を変えたほうがいいのですが、基本的にはみんなの前で長時間叱るのは控えたほうが得策です。

他人は他人、自分は自分、と分けて考えよう

他人が怒られている様子が目に入ってしまい、自分も怒られている気になってしまうことのデメリットは、他人が気になって仕方がなくなることです。

気分が過剰に落ち込んでしまう人もいるかもしれません。

でも、他人は他人、自分には関係ないことです。

いちいち影響されていては仕事にならないので、分けて考えましょう。

自分も怒られている気になって一緒に反省をすると、「他人のことは言えない…」と、他の人が大きなミスをしたときに指摘できなくなることが起こります。

わたし自身も失敗するので、他人のことは言えない部分もあります。

でも、それでは何も指摘し合えない場になり、生産性も上がりません。

「自分が同じミスをする可能性があるかどうか」と、「他人のミスを指摘する資格があるかどうか」はまったく別の話です。この点は、分けて扱いましょう。

自分と他人を混同すると、おかしなことになってしまいます。

たとえば、テレビでは毎日、誰かが捕まった、火事が起きた、人が亡くなったというニュースが流れています。でも、火事が起きたニュースを観て、自分の家が燃えると混同するのは、正常とは言えませんよね。

これは少し極端な例ですが、仕事で怒られている人と自分を混同することもこれと同じです。他人と自分は明確に分けて、怒られている人がいるときも、どうしたら仕事の生産性が上がるのか、というほうに目を向けましょう。

Dotchi? 55

落ち込むことがあると…

↓

立ち直るのに時間がかかる

↓

すぐに対策を考える

Answer 55

↓「落ち込んでもすぐに対策を考える」が正解

何か落ち込むことがあって、気持ちが沈んでしまった状態を「ダウンタイム」と言います。「ダウンタイム」はもともとシステム用語で、システムがダウンしている時間のことを指していました。大企業のシステムダウンで社会的に影響があった、というニュースがありましたが、これが元々の「ダウンタイム」です。これが転じて、美容整形や医療の世界で施術後・手術後、回復するまでの時間をダウンタイムと呼ぶようになりました。

たとえば、ボクシングでも、ダウンしているときは戦えません。時間をかけて回復を図るのですが、その間は生産性0の状態が続きます。落ち込みやすい人もすぐに対策を考え、「ダウンタイム」をできるだけ短くしましょう。もちろん人間なので、瞬間的に落ち込むことはあります。でも、きちんと受けとめて、すぐに立ち直らなければいけません。

たとえば、野球でピッチャーがホームランを打たれたあと、次のバッターに、

「ちょっと待ってください。お墓参りに行って厄を落としてきます」

と言うなんてあり得ませんよね。

「今日はカーブの曲がりが悪いから、別の球種で勝負しよう」と、すぐに対策を考えていくのが適切な考え方です。気持ちが落ち込まないようにするために、あえて忙しくするのもおすすめです。落ち込んでいる暇もなくなるくらい、働くのもいいでしょう。

Dotchi? 56

頼まれると…？

↓それ以上のことを
しようとする

↓頼まれたこと以外やらない

Answer 56

↓「頼まれたときは、それ以上のことをする」が正解

損得勘定で考える人は、頼まれた以上の仕事をすることに抵抗を示すかもしれません。でも、頼まれたこと以上の動きをしなければ、自分の成長にはつながりませんし、頼まれた仕事のクオリティが向上することもありません。

質・量ともに、よりよくするために何をすればいいのか、次に何があるのかを考えて対応することが求められるのです。

頼まれた以上の仕事をすれば、信頼を得られて仕事の幅も広がる

若い頃に、わたしがクリスマスディスプレイのアルバイトをしていたときの話です。

社員たちと4~5人で、トラックで移動していると、よくファーストフード店でコーヒーを買ってくるように頼まれることがありました。

そのときわたしは、領収書をもらい、人数分よりも多めに砂糖をもらい、ドライバーの人にはカップを開けて、

「お砂糖は入れますか?」

と聞いてから、渡していたのです。

わたしにとっては普通のことだったのですが、あとでドライバーの人から
「社員でもできないことを、このバイトだけはやってくれる」

と言われて、それが当たり前ではないことを知りました。そのあとは、働きを評価してもらい、バイトリーダーにもなりました。社員にも名前を覚えてもらえ、

「池本君、年末は忙しいから、学生のアルバイトを20人でも30人でも探してきてくれないか？」

と頼まれたり、現場を任され、わたしひとりで出向くようにもなったのです。

一つひとつの行動から、相手の信頼を得ることができたのだと思います。

このように、頼まれた以上のことをすれば、相手から信頼され、仕事の幅も広がっていきます。こういった働き方のほうが、やる気のある人にとっては好ましいでしょう。

仕事が増えることを怖がる必要はない

「頼まれた以上のことをすると、どんどん仕事が来てしまいそうで怖い」

という声を聞くこともあります。でも、リクルート創業者の江副浩正さんは、

「仕事で重要なことは、たとえ好きではないことでも、全力で最高の成果を出し続けることだ」

と言っていたそうです。高いパフォーマンスを発揮して、人の分まで仕事をすることが、最高の助け合いになります。日頃から助け合いができていれば、抱えきれないほどの仕事が来ても大丈夫です。そのときには、きっと他の人が助けてくれるはずです。仕事を受けた分だけ、自分のキャパシティが広がり、腕も上がり、人が助かるようになります。さらに、頼まれた以上のことを返せば、信頼され、絆も強まり、居心地もよくなります。自分の対応次第で、極めて心理的安全性が保たれた状態に持っていくことができるのです。

ですから、仕事を頼まれたときは、それがどんなものであっても、オーダー以上の結果を返せるように心がけましょう。

Dotchi? 57

機嫌が悪い人がいたら…？

↓すぐ気づく

↓顔色を見ずに話しかけてしまう

Answer 57

↓「機嫌が悪い人にすぐ気づく」が正解

上司に相談する際は、上司の顔色を気にする必要はありません。本章は「助け合い」がテーマですから、同僚に異変があったときを想定した話をします。

同僚に何かがあったときには、異変にすぐ気づいてあげたいところです。

相手に「どうしたの？　今日はなんか無口だけど？」と尋ねてあげるだけで、「ちょっと、聞いてよ…」という話がはじまるかもしれません。そのときは、ぜひ話を聞いてあげてください。

まわりの異変に気づこうと意識すれば、まわりの人を見るクセがつき、一緒に働いている仲間のコンディションに、気づいてあげられるようになるでしょう。

コンディションが整っていない人の悩みを解消してあげられたら、まさに「助け合い」が叶います。「この人はいまダメだから、みんなでカバーしよう」という動きができれば、チームパフォーマンスも上がるはずです。

働けない人がいるときに、別の工程の人が出てきてカバーし合える状態こそが、「心理的安全性の高い職場」と言えるのではないでしょうか。

第４章　みんなが仲良くなるの、どっち？

Dotchi?

Dotchi? 58

遅刻の連絡は…？

↓LINEで問題ない

↓電話でするのが当たり前

Answer 58

↓「遅刻の連絡はＬＩＮＥで問題ない」が正解

会社や業界によっても意見が分かれるかもしれませんが、わたしはＬＩＮＥで遅刻の連絡をしてもいいと思います。でも、昭和世代からすると「電話で連絡をすべき」というご意見も多いでしょう。

ただ、近年はＬＩＮＥも連絡ツールとして市民権を得てきています。

いくら抵抗しても、電話での連絡を義務づける人たちは少なくなり、ＬＩＮＥでよしとする人たちのほうが多数派になっていくでしょう。

これからは、その若手層が仕事を担っていくので、彼らに合わせて、動きを柔軟に変えていくべきではないでしょうか。

ＬＩＮＥでの連絡はマナーの話ですが、そもそも決まり事には「ルール（法律や規則）」「モラル（倫理観や道徳観）」「マナー（礼儀作法）」という3種類があります。

ルールで許されていても、モラルやマナーではＮＧということもあるでしょう。

たとえば、鉄道営業法というルールで禁止されていなくても、電車のなかで大きな荷物を広げてはいけません。それがモラルです。

どうしても都合があって、ラッシュアワーに大荷物を持って出かけなければいけないなら、せめて混雑する急行には乗らないようにする。料金を払って始発駅まで戻り、邪魔にならない位置に荷物を置いて乗車する。これはマナーです。

ＬＩＮＥでの連絡をよしとするかどうかは、会社の「ルール」として明文化したほうが、どの世代にもわかりやすくていいのかもしれません。

Dotchi? 59

会社の飲み会は…？

↓全員参加

↓任意参加

Answer 59

↓会社の飲み会に全員参加すると距離が縮まる

会社の飲み会への参加を義務づけるかどうかは、とても難しいところです。

でも、「みんなが仲良くなる」という観点で見るなら「全員参加」が正解ではないでしょうか？


最近は、飲み会への参加に手当を出す会社や、人事評価のポイントに加算することを前提に、飲み会への参加を必須にする会社も出てきました。

でも、そういった制度をつくらなくても、入社するときに
「うちの会社は飲み会をします。飲み会に出ることは必須です。それを条件に入社してください」

と言っておく方法もいいですね。そうすれば、

「飲み会はプライベートですよね。参加するとき、残業代は出るんですか？」

「会社の飲み会に参加しないのも権利です」

といったややこしい話にはならないはずです。


先述したように、弊社のサービスには、社員としての共通認識を明文化する「ルールブッ

ク」があるのですが、「飲み会への参加は必須」といった、その会社の共通認識を記載しておくことをおすすめしています。

ある会社では、参加必須の飲み会を最低でも月に1回は行っており、大きな会も合わせると、年に15回開催しています。

「チームワークをよくする目的で、飲み会には全員参加してもらう」

とあらかじめ伝えておき、そのルールは守ってもらうようにしたら、参加必須の飲み会を開催しても問題ないでしょう。

会社としての方針を明確にしておくといいですね。

Dotchi? 60

同僚は…？

↓ライバルなので
仲良くしない

↓競争も協力もする存在

Answer 60

↓「同僚は、競争も協力もする存在」が正解

会社という組織は、みんなで成果を出すために存在します。

完全に個人プレーの会社なら話は別ですが、基本的には一見ライバルの同僚であっても、何らかの協力関係があるはずです。

「競争はするけれども、協力すべきときは協力する」という意識があれば、たとえライバル同士でも仲良くなれるでしょう。

ただ、そう簡単に手を組めない場合もあります。

では、競争と協力を共存させるためには、どのような心がけをしておくといいのでしょうか？

共存するには、人を育てることが必要になってきます。

自分が仕事をできるようになるだけでは、仕事は完結しません。

誰かに教えて、教えた相手が自分と同じことができるように育ったら、ようやく「一人前の仕事」ができたことになるのです。

この「人を育てる心がけ」は、ぜひルール化してください。

そして、管理職や先輩になってからではなく、入社のときから心がけてもらうといいでしょう。すでに入社数十年の大ベテランの場合、新たなルールに馴染むまでには時間がかかるものです。また、自分以外の社員が自分と同じレベルに上がってくるのを嫌がるケースもあるかもしれません。

でも、ルールをわかっている若手層がどんどん入ってきたら、ベテラン勢も徐々に変わらざるを得なくなるでしょう。

属人化を防止できれば、会社にも個人にもメリットがある

ルールを、少し難しい言葉で表すと「属人化防止」に言い換えられます。

この属人化の防止ができれば、会社にとっても個人にとっても、大きなメリットが生まれるでしょう。

会社にとってのメリットは「多能工化」です。これは特定の従業員にしかできない業務をなくし、いくつもの仕事を掛け持ちでできる人が増えるということです。

多能工化すれば、誰かが急に病気で休んだり、辞めてしまったりしても、別の人が代わるこ

とができます。

「自分が専門にしてきた仕事を誰かに教えれば、仕事がなくなってしまう。居場所がなくなってしまう」と不安に思う人もいるかもしれませんが、そんなことはありません。

下の立場の人にノウハウを教えていくと、教えられた側だけでなく、教えた側の個人の能力アップ、スキルアップにもつながります。

同僚と関わることで、どんどん上のレベルに上がり、昇給し、個人のメリットにもなるのです。できるだけ、競争も協力もし合いましょう。

Dotchi? 61

他部署が忙しいとき…？

↓自分には関係ない

↓手伝えることがあればやる

Answer 61

↓他部署が忙しそうなら、手伝えることをやる

いくら他の部署の人が忙しそうにしていても、やみくもに手伝っていたら逆に非効率な場合もあるので、優先順位の見極めは必要です。もし他部署の仕事が会社にとっての優先事項だと判断がつくのなら、率先して手伝いましょう。

避けたいのは、他部署の仕事を手伝っているうちに、自分の仕事が間に合わなくなるという事態です。案外、これはよくある話です。

では、そうならないために、どのような基準で、どの範囲まで、どのようにして手伝うかどうかを判断するべきなのでしょうか?

ひとつは、自分が取り組んでいる仕事よりも、その仕事のほうが会社として優先するべきであることが明らかな場合。

そしてもうひとつは、自分が「すぐに」できる仕事である場合です。自分がすぐにできない仕事を手伝っても、会社全体の役に立つことはできません。

少なくとも「我関せず」ではなく、会社としての優先順位の見極め、自分が役立てるかどうかの判断をするようにしましょう。

Dotchi? 62

仕事中のたばこ休憩は…？

↓あり

↓なし

Answer 62

↓仕事中のたばこ休憩は、「なし」

たばこについては、企業の経営者が喫煙者かどうかによっても大きく変わるところですが、わたし個人は、仕事中のたばこ休憩は「なし」だと考えています。

なぜなら、仕事中にたばこ休憩をされると、非喫煙者にアンフェア感を感じさせてしまうからです。

たばこの禁断症状は、40分ほどで出てくると言われているため、喫煙者は1時間に1本はたばこを吸いにいくことになります。非喫煙者からすれば、

「あの1時間ごとの5分休憩って、何？」

ということになりますよね？

そう思わせてしまっては、信頼関係を築きづらくなってしまうでしょう。

わたしは就業時間中の決め事として、喫煙をとがめることはありません。

ただ、どうしても一服したい人がいる場合は、一斉全員休憩にしてしまったほうがフェアでしょう。

弊社では、一斉全員休憩にする場合、だいたい90分から１２０分に1回、10分から15分を目

安にしています。

人間の集中力が続く時間は90分ほどと言われています。大学の授業も90分ですよね。ただ、実際はもっと短く40分という説もあるので、90分を限界値の目安にするといいでしょう。

非喫煙者から見ても、アンフェアに感じさせない組織運営をしていきたいものですね。

Dotchi? 63

学びは…？

↓したい

↓したくない

Answer 63

↓人に喜んでもらう仕事をするには、「学びたい」と思えることがカギ

人に喜んでもらうには、「学びたい」、むしろ「学ばなければいけない」というのが正解でしょう。「学ぶ」ことは自分のためだと思われがちですが、新しい知識やスキルを身につければ、まわりにもいい影響を与えることができます。いい影響とは、

・まわりの人が、学んだ人から教えてもらうことができる
・学んだ人がスキルアップした姿を見て、「自分もできるようになりたい」と思う人が出てくるようになる

といったことが考えられるでしょう。

もちろん、お客様によりよいものを提供できれば、喜んでいただけますよね。

学ぶことは、自分の知識やスキルのアップだけではなく、まわりにもいい影響をもたらします。メリットばかりですから、ぜひ、積極的に学んだほうがいいでしょう。

むしろ、仕事においては、学ばなければいけないものだと心得ておいてください。

Dotchi? 64

仕事をする場所は…？

↓会社がいい

↓リモートがいい

Answer 64

↓集中さえできれば、会社で仕事をしてもリモートワークでもいい

集中さえできれば、会社でもリモートワークでも、どちらで仕事をしてもいいでしょう。最近の採用面接では、まだ採用にもなっていない段階で、

「初日からリモートワークで働いてもいいか」

と聞いてくる人が少なくないそうです。実際、ＯＫを出している会社もあると聞きます。リモートワークをＯＫとするのは、採用側にとって居住地域を問わなくてよくなる、というメリットがあるからです。東京在住の人が地方の会社に勤務できることはもちろん、多少の時差は生じるものの、海外在住の人も採用できます。

採用の間口が広がったことは、企業にとって大きなメリットでしょう。

一方、「リモートワークでは仕事をサボるのではないか」と、導入を慎重に検討している企業も存在します。では、リモートワークを導入する際に、企業が心がけたほうがいいことには、どんなものがあるのでしょうか？

まずは、通信環境の問題です。業種にもよりますが、社員個人が用意する通信環境では、仕事に耐えられない可能性があります。この場合、会社からＷｉ－Ｆｉルータを貸与する、ＶＰＮで接続する、といった方法を取ることがほとんどです。

次に、仕事をする環境です。たとえばご夫婦が別の会社で、それぞれに同室でリモートワークをしていると、声が交錯してしまうことも考えられるでしょう。

旦那さんが、お湯の入っていないお風呂で、ネクタイだけを締めてリモートワークをしていた、という笑い話もあります。風呂の蓋にパソコンを乗せて、声が反響しないようにドアや窓を開けるといった、涙ぐましい努力をしている人もいるのです。

リモート環境については、最低限のルールを設けておきましょう。環境を整えられない場合は、街中のコワーキングスペースを利用するのも方法のひとつです。

リモートワークにおける仕事の生産性は、成果物で判断すればいいでしょう。

会社に出勤していなければサボる人は、おそらく出勤していても同じです。

何時間机の前に座っていたのかをカウントするのではなく、アウトプット、つまり出来高で生産性を評価するのがおすすめです。

Dotchi? 65

天気が悪い日は…

↓早めに起きる

↓いつもと同じ

Answer 65

↓「天気が悪い日は早めに起きる」が正解

とくに都市部に住んでいる人は、悪天候で電車が遅れることは容易に予測できるのではないでしょうか。みんなと仲良くやっていこうと思うなら、早めに起きて家を出るのは、仕事に対する姿勢として当然のことです。

ですから、天候の影響で時間通り出社できないことや、通常通りに仕事をはじめられないことに対して、言い訳は厳禁です。時間通りに来ている人をイラっとさせてしまいますでしょう。

毎日のように

「電車が遅れたので、遅刻しました」

と言う人もいますが、逆に毎日電車が遅れるのなら、遅れる前提で家を早く出れば済む話です。まわりもみんな、そう思っていることでしょう。

みんなが仲良くなるには、自分がまわりからどのように見られているかをもっと考えるべきです。平等性や公平性を考えても、遅刻を繰り返すのはよくありません。

社会人として、翌日の天気予報をチェックして、もし雨が降りそうであれば、早く起きて、早く家を出る準備をする。そのような習慣を身につけましょう。

Dotchi? 66

会社にいる間は…？

↓声をかけられたい

↓話しかけられたくない

Answer 66

↓会社で声をかけられたほうがいい

「会社で話しかけられたくない」と思うよりも、「声をかけられたい」と思ったほうが、当然良好な人間関係を築けます。例外的に対人恐怖症の場合もありますが、話しかけられたくない人の大半は、話しかけられることで仕事の集中が途切れることを嫌っているのでしょう。たしかに、声をかけられる機会が多ければ、仕事に集中できない可能性もありますよね。業務時間中、仕事に集中するのは社会人としての基本です。

でも、会社にいる間、8時間ずっと集中し続けるのは、人間には不可能です。

むしろ、集中が途切れる時間帯であれば、話しかけてもらったほうが息抜きにもなるので、いいのではないでしょうか。

それでも、なかには「俺に話しかけないでくれ」という空気を出す人もいます。

でも、休憩時間中に手が空いていても世間話ができないような雰囲気では、仕事のときも声をかけづらくなってしまいます。

声をかけられやすい雰囲気をつくることは大切です。少しずつまわりの人と話すように意識してみましょう。

Dotchi? 67

上司に話しかけられるのは…？

↓怖い

↓怖くない

Answer 67

↓上司に話しかけられるのは、本当は怖くない

「上司に話しかけられるのは怖い」

と言う人も多いのですが、本当は、上司は怖い相手ではありません。もしかすると、「怖がっている場合ではない」と言ったほうが正確かもしれませんね。

日頃仲良くするのは、同僚や年齢の近い人たちとが多いのではないでしょうか。もちろん、それも大事なことですが、上司は知識や経験があり、明らかに権限を持っています。

笑い合えるような関係でなくても、意思疎通がきちんとできるように関係性の構築を目指しましょう。上司ほど、自分の味方につけておくべき人はいません。

もし上司が苦手なタイプだったとしても、こちらから質問に行く、もしくは話しかけられやすい雰囲気をつくっておくなどの対策を考えておくと、不安も少しは解消されるはずです。

上司側も、怖がられないよう歩み寄る努力は必要です。

そして、部下も上司に対してビクビクしすぎないようにしましょう。

組織には指示命令系統があり、仕事は上司を通じて部下の元へ行きます。

相手を怖がっているようでは、仕事になりません。

たとえ気が合わない、苦手な上司であっても、成果をあげていくために、関係構築をするのも仕事だと割り切っていきましょう。

Dotchi? 68

わからないことは上司に…？

↓すぐに聞ける

↓機嫌を伺う

Answer 68

↓わからないことは、すぐに上司に聞こう

仕事をするうえでわからないことがあれば、その答えを持っている人に聞くのが正しい行動です。ですから、すぐに上司に聞きましょう。


進め方のわからない仕事を、上司ではなく隣の席の同僚に尋ねる人が多いのですが、聞かれた人が正しい答えを持っていることはごく稀です。聞かれた人は、

「聞く相手を間違っているよ」

「わたしに聞かれてもわからないので、答えを持っている人に聞いてください」

と答えるのが正しい返答でしょう。


実際、まわりが面倒を見てくれない企業では、入社初日から、

「ここがあなたの机です」

「これがあなたのパソコンです」

「あとはがんばってください」

と言われただけだった、というケースも聞いたことがあります。

別に意地悪をしているわけではなく、そのような文化の会社なのです。

でも、そのまま会社の風土を受け入れているだけでは仕事が進まないことも出てくるはずですから、迷ったら、自分から積極的に質問しに行ったほうがいいでしょう。

まわりに教えてくれる先輩がいない場合、誰に聞けばいいのかは明確ですね。

「答えを持っている人＝上司」に聞くのが正解です。

いたずらに時間を浪費するのではなく、わからないことは、すぐに上司に尋ねましょう。

Dotchi? 69

通勤中に会社の人がいたら…？

↓スルーする

↓挨拶する

Answer 69

↓通勤中に会社の人がいたら、スルーせずに挨拶しよう

会社の人に限らず、顔見知りの人がいたら挨拶はするべきです。

これは、関係構築をするための基本でしょう。

ところが、世の中も変わってきています。とくにZ世代のなかには、「ここからここは仕事、ここからここはプライベート」と分けたがる人も少なくありません。

そのため、通勤中に会社の人がいても、スルーしてしまうことが多々あります。

そもそも、挨拶のみならず「ひと声かける」ことをしない人が多く見られます。

最近見かけたのは、立ち止まってスマホで道を調べていた人の横を

「ごめんなさい、横を通りますね」

というようなひと言もかけずに、ヌッと黙って通りすぎる人でした。

いきなり人が現れたので、道を調べていた人は驚いた顔をしていました。

会社の人がいても挨拶をしない感覚は、これと同じようなものでしょう。

社内の人間関係があまりうまくいっていない会社の社長の多くは、社員が挨拶しないことに悩んでいます。社長から一生懸命挨拶をしても、返事が返ってこないのだそうです。これでは、みんなが仲良くなることはできませんよね。

仕事とプライベートを分けない意識は、会社ぐるみで推進しよう

社外で会社の人に挨拶ができないのは、仕事とプライベートを切り分けて考えているからです。そうではなく、「仕事とプライベートも分ける必要がない」という発想を浸透させましょう。

仕事とプライベートを切り分けている人たちをそのままにしておくと、30歳、40歳になっても変わりません。

そうなると、責任の重い仕事や部下を抱えたときに、問題が生じるようになってきます。間違った考え方は、できるだけ早いうちに直していくよう、新人教育から取り組んでいくことが大切です。早いうちに習慣を変えられるように、社長や先輩たちが率先して行い、環境をつくっていきましょう。

Dotchi? 70

会社に友だちは…？

↓いる

↓いない

Answer 70

↓みんなが仲良くなるには、会社に友だちがいたほうがいい

会社も、ひとつのコミュニティです。

プライベートで付き合う学生時代の友人とは少しニュアンスが異なりますが、会社に友だちがいたほうが、みんなが仲良くなれる可能性が高まります。

会社は基本的に仕事をする場所であり、成果を出さなければいけません。

でも、24時間３６５日、仕事だけをするのは無理な話です。

ですから、仕事以外のことやつらいことも話せる、もしくは楽しいことをシェアできる存在がいなければ、コミュニティとして成立しないでしょう。

逆に、コミュニティが成立しなければ、仲良くなることも難しくなります。

ただ、友だちが仕事に意欲的か、もしくはがんばらないかによっても、結果は変わってくるかもしれません。ですから、採用をするときは、社風に合う人を選ぶ必要があるのです。

社風に合う人を採用するには、まず会社としての採用基準を明確にすることが大切です。学歴、社歴、スキルなどを重視するあまり、採用を失敗してしまうケースは、とても多いものです。とくに、大手企業から鳴り物入りで入ってきた人が、社風に合わずすぐに辞めてしまうケースもあるでしょう。

学歴、社歴、スキルと社風に合うかどうかは、まったく別の話だと考えてください。
社風に合わない上司を見たら、部下もやりづらいでしょう。

採用方針は「ルールブック」にはっきりと打ち出そう

これまでにもお話ししましたが、採用基準を明確にして、社風を明文化するために有効なのが、「ルールブック」です。ルールブックにはできるだけ具体的に、会社価値観をはっきりと書き出しておくようにしましょう。

会社が採用方針をはっきりと打ち出しておけば、似た価値観の人が集まってくるはずです。ルールブックに沿って、会社の価値観に合う人を採用するようにしてください。

Dotchi? 71

会社でつらいことは…？

↓誰かに言う

↓黙っている

Answer 71

↓会社でつらいことがあれば、誰かに打ち明けよう

何かつらいことがあったら、黙って耐えているよりも、社内の誰かに打ち明けてほしいところです。

モラルを重視して採用し、社風に合った教育をしていれば、社内に安心して相談できる人が増えているでしょう。価値観が近い人が多いと、自然と、

「そうだよね、わかるよ」

と言ってくれる人や仲間がどんどん増えていきます。

相談する相手は、上司、同僚、どの立場の人でもOKです。

ときには、このようなことにもルール化を求めて

「相談窓口をつくってください」

と言う人もいるのですが、本来はおかしな話です。

それよりも、「誰に言ってもOK、安心」という空気感をつくったほうが、風通しのいい職場になるでしょう。

Dotchi? 72

プライベートの話は…？

↓必要

↓必要ない

Answer 72

↓「プライベートの話」は必要

繰り返しになりますが、本来は仕事とプライベートの境目はないので、職場でプライベートの話をすることも必要なのです。

たしかに会社へ出勤し、始業時間になれば仕事モードにはなります。

でも、つい30分前には電車のなかにいたはずです。

時間は常に流れていて、どこかで物理的に切れているわけではありません。

ですから、プライベートが充実しているかどうかは仕事に影響しますし、逆に仕事が充実しているかどうかがプライベートに影響することもあります。

時間が切れているわけではないという、大前提をしっかり認識しましょう。

仕事とプライベートは相互に影響し合うため、とくに上司の立場にいる人は、部下のプライベートがどのような状況なのかを知っておくことが大切です。

典型的な例ですが、部下に子どもが産まれたとします。そこで上司から

「そうか、ついにお父さんになったのか。仕事をがんばらないとな」

といった話をされれば、部下も

「そうですね、部長！　子どもの顔を見ていると、がんばろうと思います」

と返してくるでしょう。そして、

「そうか。じゃあ、次はこんな仕事にチャレンジしてみようか」

という話になり、つい最近まで新しい仕事に尻込みしていた部下が、やる気を出すようなことにもつながっていくのです。このように、関係性を縮めていくには、プライベートの話ができるようになることは欠かせません。

プライベートを知る必要がある理由を伝えよう

いろいろと尋ねられても、

「どうしてプライベートのことを答えなければいけないんだ？」

と、相手に踏み込まれたくない人も一定数存在します。


どうしても話したくない人には、無理に聞かないほうがいいでしょう。

それでも知りたい場合は、

「あなたのことをもっと知ることで、お互いに協力することができる」

「あなたに必要な情報を届けることができる」

「仕事を効率的に進めるうえで、必要だと思うから聞きたい」

と、なぜプライベートを知りたいのか、理由を伝えましょう。

「ルールブック」の採用基準の一例

ところが、ここまで言ってもプライベートの開示を拒絶する人がいます。

ですからわたしは、

「弊社の価値観と合わない人は、入社しないほうがいいですよ」

と「価値観」で採用をする必要があると考えています。

一例として、ルールブックに記載する「求める人物像」をご紹介します。

採用するときには、以下のようにルールを明言しておくのがおすすめです。

【ルールブックの採用基準例】

・○○社（会社名）の理念が好きな人
・時間や期限を守れる人
・行動が早い人（メールなどのレスポンスが早い人）
・愚痴や不平不満を言わずに、物事をポジティブにとらえることができる人
・仕事を通じて成長したいという向上心を持っている人

・イベントなどに積極的に参加できる人
・年齢、経験、専門職で上下関係が決まるのではなく、理念への貢献、会社や他人への貢献、目標達成、成長度で上下関係が決まることに納得ができる人

採用の際は、このルールブックを見せるだけではなく、署名欄も設けておくことをおすすめします。その理由は、ルールに合意したうえで入社し、働くという選択をしたことを明確にするためです。


その会社の理念や評価制度に合意する、しないは本人の自由です。

納得したうえでサインをしたのなら、評価制度に従って、価値観と合わない行動をすれば評価は下がる、というしくみにしておきましょう。

そうすることで、採用後の仕事とプライベートの考え方のミスマッチも減らすことができるはずです。

Dotchi? 73

自分の個性は…？

↓仕事で出せる

↓出せない

Answer 73

↓「自分の個性は仕事で出せる」が正解

自分の個性は、仕事で出すことができます。

むしろ、個性を出せなければ仕事にならないと思ったほうがいいでしょう。

組織というものは、いろいろな個性を持った人が集まってできあがっています。

個性を出さない、もしくは出せない組織にすると、没個性の人の集まりになってしまいます。

そうなると、ロボットやＡＩに仕事をしてもらうのとあまり変わりません。

なかには、「個性を尊重することで、間違った個性の出し方する人もいるのでは…？」と心配する人もいるかもしれませんが、だからといって、空気を読みすぎると、「こんなことをすると、『空気が読めない人だ』と嫌われてしまうかな…」と、心理的安全性の「邪魔」になる意識をしてしまうようです。

また、「能力のない人」「無能な人」と思われることが怖くなると、思いきった行動ができなくなります。最近の言葉では「忖度」と言われますね。

あまり人の目を気にしすぎるのにも、注意が必要です。

ルールを決めて、その範囲内で個性を出せる雰囲気をつくろう

空気を読みすぎて個性を出せない理由のひとつに、会社の社風や空気観があります。

ですから、経営陣や上司の方々は、個性を出せない空気をつくらないことを大前提にしましょう。「ルールブック」で価値観が明示され、社内に浸透していれば、ほとんどの社員は会社の社風や価値観を理解しているはずです。

そのルールの範囲内で、思いきり個性を発揮すればいいのではないでしょうか。

たとえば、フォーマットが決まった書類を作成する際には、担当者はそのフォーマットのルールの範囲内で個性を発揮すればいいのですし、マネジメントをする側もそのような指導をすればいいのです。

もし間違ったことをして指摘されても、そのあとで改めればいい話であり、極端に傷つく必要はありません。それも経験学習のひとつなのです。また、間違いの指摘を普通に受けとめられるような関係性をつくっておくことも大切です。

Dotchi? 74

同期の評価や給料は…？

↓気になる

↓気にならない

Answer 74

↓正解は「同期の評価や給料は気にならない」

みんなが仲良くなるには、「同期の評価や給料は気にならない」という考え方のほうが正解です。なぜなら、あなたや同期の評価も給料を払っているのも、あなたではないからです。

そもそも、同僚の評価や給料が高かったりすることで、あなたにどのようなデメリットがあるでしょうか？　ありませんよね。

もちろん人間なので、うらやましいと思う心理があることは否定できません。でも、うらやましいのであれば、自分も評価してもらい、給料を上げてもらうためにがんばるだけです。

仕事は、いわばゲームです。ルールを正しく理解し、どうすればこのゲームに勝てるのかを考えて、実行してください。もしゲームに勝てる動きをしている人が報われなければ、正しい競争は生まれないでしょう。

同僚は本来、ライバルでもありながら、協力もする存在です。

「どうしてあいつのほうが高い評価と給料をもらえるんだ…」と、いつもまわりを気にしていては、職場がいいコミュニティになっていきません。

競争意識が高い人は、職場に定着しにくく、転職を重ねてしまうケースも多いのです。

お給料は会社が払うもの、関係性は、まわりの人の評価を気にせずつくるものと考えましょう。

Dotchi? 75

配属部署は…？

↓気になる

↓気にならない

Answer 75

↓配属部署は、気にならない

実際には、配属部署が気になる人は多いでしょう。それでも「気にならない」ことが正解です。

自分がやりたいことやキャリアプランに沿った配属になるのかどうかは、たしかに大きな話です。

たとえば、営業職を希望したいのに経理部に配属され、希望する仕事に就けないからと転職し、営業マンになったとします。

でも、転職先で1〜2年後に経理へ再び配属されるというのも、よくある話です。

これは、自分が持っている強みと他人が評価する強みがずれているために起こる現象です。ですから、どの部署で、どのような仕事をするかにこだわるよりも、配属された部署で全力を尽くし、その部署で必要なスキルを身につけたほうが、仕事を「自分事化」できるのではないでしょうか。

「みんなが仲良くなる」という観点で考えれば、与えられた仕事に一生懸命取り組み、スキルアップをする人のほうが、まわりからの信頼や尊敬を集められるでしょう。

別に、尊敬されることを目指す必要はありませんが、

「あの人っていいよね。ああいう人と一緒に仕事をしたいよね」
と言われる人になっていくことができます。

まわりの信頼を集められるのは、仕事をするうえでとても大切なことです。
配属部署は気にせず、配属先で全力を尽くしましょう。

Dotchi? 76

食事に誘われるのは…？

↓面倒

↓割り切って行く

Answer 76

↓「食事に誘われたら、行けばいい」が正解

社内の誰かに食事へ誘われたら、行ってもいいのではないでしょうか。

「わたしはプライベートを確保したいので、社外でのお付き合いは一切しません」

と言う人もいますが、一度しっかり考えてみてください。

働いている人にとっての優先順位は、

①仕事で収入を得る

②仕事で得た収入でプライベートを充実させる

という順番になるはずなのです。

何を優先したいのかによって見解は分かれるのかもしれませんが、少なくとも収入を得なければいけない経済環境にある、もしくは相応の収入を得たい世代の人であれば、優先すべきは「仕事」ではないでしょうか。

ですから、一緒に働く仲間と食事へ行ったほうが、働きやすくなるし、チームとしての成果も出しやすくなります。

チームの成果があがったほうが、個人のキャリアにとってもプラスですよね。

社内の人に食事に誘われたら、ぜひ行ってみてください。

そのほうが、あなたのキャリアや人生にとって、きっといい影響があるでしょう。

Dotchi? 77

隣の人から
お菓子をもらうのは…？
↓キモい
↓うれしい

Answer 77

↓隣の人からお菓子をもらったらうれしいもの

隣の席の人からお菓子をもらったら、うれしいと思うものではないでしょうか。

でも、実際のところは、「気持ち悪い…」「あ、そういうのは結構です」という思いを持っている人も、一定数はいるものです。

「気持ち悪い」と思う人には、2種類の感情があるのではないでしょうか。

ひとつ目は、お菓子で言えば、人が触ったものは食べられない、個包装でもイヤ、という潔癖症の人。2つ目は、あまり人と関わりたくない人です。

もちろん、ポイントは後者ですね。

あまり人と関わりたくない人にお伝えしたいのは、お菓子をくれるということは、気にかけてもらっているということです。お菓子よりも、隣の人が気にかけてくれるのはうれしいことだととらえるようにすればいいのではないでしょうか。

お菓子をもらったら、ぜひ「ありがとう」と言って受け取りましょう。

Dotchi? 78

荷物を運んでいる人がいたら…？

↓手伝う

↓放置する

Answer 78

↓荷物を運んでいる人がいたら、手伝う

重い荷物を運んでいる人がいたら、手伝いましょう。これは、困っている人がいたら手を貸す、忙しくて休憩をとれない人がいたときには手伝う、といった行動も同じことです。

このことは、まわりへの配慮や気づきにも関わってきます。仲間の意識があり、まわりが見えている人は、「大変そうだな」と気づき、手を貸すことができますが、まわりの人のことを当たり前に手伝える組織でなければ、生産性が落ちる可能性があるのです。

たとえば、ひとりで持ちきれないような荷物は、2人で運んだほうが早く終わりますよね。ひとりで10分かけるより、誰かが手伝って30秒で終わらせたほうが、組織全体の効率がよくなることは間違いありません。

気が利く人がたくさんいれば、会社もラクでいいのですが、なかなかそうもいきません。どうしても、気の利かない人は一定数存在するのです。気が利かない人には、

「こういうときには手伝うものだよ」

「一緒に運んでよ。これ、ひとりで運ぶのは大変だから、○○さんに手伝ってもらったほうがラクだよね」と声をかけましょう。

言われないと動けない人に対しては、体験をしてもらうロールプレイング学習が、とても有効な方法なのです。

Dotchi? 79

ムダ話をしている人を
見ると…？

↓
ムカつく

↓
一緒に話したい

Answer 79

↓ムダ話は一緒にしたほうがいい

「自分は仕事で忙しいのに、近くで人がベラベラしゃべっていると、ムカつく…」という気持ちがわくかもしれませんが、TPOに合わせて、ムダ話に参加してみましょう。

近くでムダ話をされると腹が立つ人の場合、「一緒に話せないから、ムカつく」という気持ちも多少はあるのではないでしょうか。

「本当は話に加わりたいのに、仕事があるから一緒に話せない。入っていけない。だからうらやましい…」という気持ちがわき、イライラしてしまうのです。

同時に「わざわざ、わたしの近くでムダ話をしなくてもいいんじゃない?」とムカつくことがあるかもしれませんね。

一見「ムダ」な話も、生産性を上げる効果はあるとわたしは考えています。

なぜなら、ムダ話で相手の人となりや、興味関心を把握することができるからです。

長期的に見れば、相手の人となりに沿ったコミュニケーションや関係構築、仕事の依頼ができるようになるでしょう。もちろんずっとムダ話をされても困りますが、節度をもって行う分にはいいでしょう。

「節度を持つ」とは、時間で区切ることです。
一度話しはじめると止まらなくなってしまう人は、どの会社でも困りものです。
そんなとき、
「そろそろ仕事に戻りましょうか」
と言える関係性になっているかどうかも、とても大事な要素でしょう。
仲良くなるためにはムダ話も必要ですが、あくまで仕事のためです。
節度を持って、声をかけ合いながら、関係性を築いていきましょう。

Dotchi? 80

業務中に話しかけるのは…？

↓気にする

↓気にしない

Answer 80

↓正解は、「業務中に話しかけるのは気にする」

業務中に、相手の様子を気にせず話しかける人が多いのですが、これは気にしてほしいところです。「仲良くなるのはどっち?」が本章のテーマなので、話をすれば仲良くなるという話をお伝えしてきましたが、業務中であることは考慮しましょう。

基本的に会社は、仕事をする場です。なおかつ、人が仕事をしているときに話しかけると、相手の手を止めて、集中を途切れさせてしまいます。

ですから、業務中はみだりに話しかけないようにすること。もしくは、話しかけてもいいタイミングかどうかを見極めて、声をかけるようにしましょう。

わたし自身も、仕事で集中しているときに声をかけられたら、

「よくありません、いまはダメです」

と返します。もしかすると、

「ちょっといいですか?」

と聞いている時点で、相手をよく見ていないのかもしれません。相手の様子を見極められるよう、声をかける前に意識してみてください。

「ダメなときはダメ」の文化を根づかせよう

「ダメなときはダメ」と言える文化を根づかせるのも、重要です。

弊社では、わたしが「いまはダメ」と言っているのを見て、同じような対応をしている人もいますが、できない人も少なくありません。

世間一般でも、なかなか言えない人が多いのではないでしょうか。たとえば、

「ちょっといい？」

と話しかけられれば、どうしても

「え？　何？　いいよ」

と反応してしまいますよね。でも、そのたびに

「あれ？　いま、どこまでやっていたかな……？」

となってしまっていては、大変な時間のロスです。

ですから、「ダメなときはダメ」という文化を会社に浸透させていきましょう。

これは、管理職の人が率先して行ったほうがいいことです。

職場に「ダメなときはダメ」という文化が浸透するまでには、相応の時間が必要です。です

から、集中したいときに話しかけられるのを防止するための臨時の手段として、会議室で仕事をすることもおすすめしています。

ただ、会議室にこもって仕事をするように勧めても、

「そこまでしなくても大丈夫です」

と言う人が少なくありません。

おそらく、そのような人たちは、集中したい、でも話をしながら仕事をしたい、とまわりに人がいる環境を求めているタイプなのでしょう。

業務中は節度をわきまえ、集中できる環境も確保できるのが理想的です。

Dotchi? 81

お昼休みは…？

↓ひとりがいい

↓誰かと一緒がいい

Answer 81

↓「お昼休みは、誰かと一緒にいる」が正解

お昼休みをひとりで過ごしたいと思う人もいるとは思います。でも、昼休みは、ぜひ誰かと一緒に過ごすようにしてください。

なぜなら、仲良くなるには、お互いのことを知る必要があるからです。これは、わたしがムダ話を（節度を持って）してもいいと話したのと、同じ理由ですね。

一緒に過ごすなかで、その人がどんな人なのか、何が好きで何が嫌いなのか、どんな人生を歩んできたのか、これからどうしようと思っているかが見えてきます。

多くの会社員の人たちは、お昼休みに仕事の話などしないでしょう。

仕事以外の話をするときこそ、人間関係を構築するチャンスです。

お昼ご飯をひとりで食べる、休憩時間はずっとスマホをいじるという時間の使い方は、もったいないと思います。ひとりでしたいことは、ひとりきりの時間にできるはずです。まわりに人がいるときは、まわりの人との時間を持ってみてはいかがでしょうか。

第5章　みんながやる気を出すの、どっち？

Dotchi?

Dotchi? 82

評価制度は…？

↓毎年リニューアルする

↓変わらない

Answer 82

↓正解は「評価制度は毎年リニューアルする」

みんながやる気を出すためには、評価制度を毎年リニューアルするのが有効です。

世の中には、サイバーエージェントやトヨタ自動車をはじめ、人事面が優れていると言われる会社がたくさんあります。そのような人事面が優れた会社でも、毎年とは言いませんが、評価制度をたびたびマイナーチェンジしています。

全員が納得する評価制度をつくるのは、それほど難しいことなのです。

もしかしたら、完璧な人事評価制度など存在しないのかもしれませんね。

なぜなら、会社は常に、環境も業績も、働いている人も変わるからです。人が入れ替わることもあれば、一人ひとりが成長したり、衰退したりすることもあります。

そのような変化すべてを評価に反映するのは、難しいものです。

人が増えれば、仕事も多岐にわたることもあるでしょう。ほとんどの社員が、リニューアルに抵抗するものですが、人事評価制度はさまざまな変化に合わせて毎年変わるものだということを、あらかじめ社員に伝えるようにしましょう。

評価制度のポイントは、「公平感」と「部署による差を考慮すること」

リニューアルすることを社員に伝えるのは、とくに毎年○月と決める必要はありません。新たな評価制度が出たタイミングなど、会社それぞれのタイミングでいいのではないでしょうか。

評価制度を見直す際のポイントは、2つあります。

ひとつは、「公平感」です。

「平等に」ではなく、「フェアに」評価できる制度にすることが大切です。

2つ目は、部署による差も考慮することです。

たとえばトレンドに乗っていて、誰が何をやっても業績をあげやすい部署にいる人と、難しいプロジェクトに取り組んでいる人とを成果だけで評価するのは、フェアではありませんよね。この2つのポイントを説明したうえで、リニューアルする旨を、社員に話しましょう。

Dotchi? 83

給料は…？

↓同業他社と横並び

↓業績に応じて還元する

Answer 83

↓「給料は、業績に応じて還元する」が正解

とくに中小企業では、同業他社を見て給与水準を決めるケースが多いのではないでしょうか。でも、正解は「業績に応じて還元する」です。

給与水準については、弊社のお客様からも、

「どれくらい給料を出したらいいのでしょうか？」

「人件費率は何％パーセントが適正なのでしょうか？」

といった質問をよくいただきます。

その質問に対する答えは、「それを考えるのが社長の仕事」ということです。

給与水準に正解はありません。ですから、結局のところ、同業他社や同じ地域の会社を見ながら給料を決めていくことが多くなります。

ただ、絶対にやらなければいけないポイントをひとつあげるとすると、「業績がいいときにはきちんと報酬で還元する」ということです。

もちろん、会社の経営次第では逆のことも起こり得ます。

業績に応じて還元すると考えるのであれば、業績が悪いときにはそれに見合った報酬を設定することになるでしょう。

でも、それでは全員がフルコミッションで働く会社になってしまいます。

社員としては、生活の安定のために最低限の保障をしてほしいと願っているはずですから、会社が安定していなければ、継続的に働くこともできないでしょう。

ですから、「どんなに業績が悪くても、これだけは絶対に出す」という最低限の保障は、しっかり決めておいてくださいね。

業績に応じて還元する給料の額は、誰でも計算できるように明言しよう

業績に応じて還元する際の計算の仕方ですが、ポイントとなるのは「予算」です。

たとえば、今期は営業利益を1000万円増やそう、という予算を立てたら、達成したときに還元する給料の額も決まります。

ところが蓋を開けてみたら、営業利益が3000万円増えていたという場合には、予算を上回った2000万円を、人件費率に応じて配分するのもひとつの手です。

これが、ひとつの目安になります。

ただし、利益すべてに同じ経費がかかるわけではありません。たとえば固定費は、変動費とは異なり、増益によって増えることはないでしょう。ですから、固定費分をさらに加えて社員に還元する計算にするのがいいのではないでしょうか。

還元するときの計算方法は、明言したほうがいいでしょう。

社員が、自分で計算できるようにしておくことが理想的です。

社員にとって、会社からの評価は、最終的にはお給料の額です。いくら褒められても給料がそのままでは、社員も納得しません。評価されている、という実感がないのです。

ですから、これだけ働いてこれだけの評価を得られれば、いくらの給料をもらえると、誰にでもわかるようにしておいたほうが、社員のモチベーションになりますし、制度としてフェアと言えるのではないでしょうか。

Dotchi? 84

社員教育は…？

↓優先的に投資する

↓先輩のやり方を見て

覚えてほしい

Answer 84

↓社員教育には優先的に投資する！

社員のスキルアップや自己啓発のためには、会社が投資をして社員教育を行う方法、社員が自分で先輩のやり方を見て覚える方法、どちらも有効です。

でも、「みんながやる気を出す」という観点では、会社による優先投資のほうが、さらに効果的です。社員教育のための投資として代表的なのは、会社が費用を負担して、能力の向上に直結するような研修や勉強会に参加させることでしょう。

社長によっては、利益が増えても給料や社員教育で還元せず、自分の趣味で何かを購入する人もいますが、それでは社員のやる気にはつながりません。

「会社が儲かったら、社長の車が新しくなった」となれば、「ちょっと待ってよ、その前に何かないの？」となりますよね。「ボーナスを奮発してくれたし、社長の車が新しくなってもまぁいいか」となることで、社員も納得感が生まれるのです。

投資回収のため、「できる人」を優先する方法もある

ところで、社員教育への「投資」ですから、会社としては「ただお金を出す」だけではなく、

しっかりと投資回収をしなければいけません。ですから、たとえば「できる人に、よりお金をかける」といった施策も必要ではないでしょうか。

もちろん、「（相対的に）できない人」を0回にするわけではありません。

極端な言い方をすれば、全員に最低限年1回は機会を与えて、残りの11回は「できる人」だけにお金を使うという方法もありでしょう。

強みを伸ばしたほうがいいのは、個人レベルでも会社レベルでも同じことです。

会社側は、できている人をより伸ばすことがポイントです。１０００万円しか稼げない人を1億円稼げるようにするよりも、1億円稼いでいる人を2億円稼げる人材にするほうが、投資効率がいいのではないでしょうか。

ひとつの考え方ですが、できる人に優先的に投資をするのは、ある意味公平であると言えます。逆に、できてない人に手をかけすぎるのは、不公平かもしれませんね。

健康的な公平感を醸成していくのも、組織にとっては大切なことでしょう。

Dotchi? 85

仕事の「教科書」は…？

↓必要

↓不要

Answer 85

↓仕事の「教科書」は、絶対に必要

仕事を覚えるための方法には、先輩のやり方を見て覚える、先輩から直接教えてもらう、というものもあります。

ただ、それでは後に残らない、もし間違っていた場合に大変なことになる、教える人のレベルが異なれば均一な教育ができない、といったデメリットがあります。

ですから、仕事をするためのマニュアル＝「教科書」は絶対に必要です。

教科書にすれば、後に残るうえ、間違った教えにはなりませんし、均一の教育が可能になりますよね。

教科書を選ぶ際、まず資格制度がある業種であれば、資格用のテキストを教科書として使いましょう。

一方、資格制度がない業界、もしくは業界共通のテキストや資格のテキストではカバーできない自社独自の業務が多い場合は、自社で教科書をつくる必要があります。

自社でつくるときは、もっとも仕事ができる人、一番ノウハウを持っている人が中心となってつくることが不可欠です。

教科書は、部署ごと、領域ごとに必要なので、それぞれ部署もしくは領域でもっとも仕事できる人が作成の音頭を取るといいでしょう。

それぞれの部署、領域の教科書を、もっとも仕事ができる人がつくり、最後は社長がチェックして、完成させていってください。

世の中には、大勢の人が関わる、とても緻密な仕事がたくさんあります。

ぜひ、できる人が中心となって、独自の「教科書」をつくっていきましょう。

組織の財産となるはずです。

Dotchi? 86

社員に求めるのは…？

↓サービス

↓人柄のよさ

Answer 86

↓顧客をファンにするには、「人柄のよさ」が必要

顧客をファンにする要素は、サービスの内容にもよりますが、「人柄のよさ」が重要なポイントになるでしょう。これは、飲食店にたとえるとわかりやすいかもしれません。

たとえば、「サービス＝食事」と置き換えれば、料理のクオリティが高いに越したことはありませんよね。一方で、ホールで接客をする人ならば、人柄が求められます。

飲食店も、一流のお店ばかりではありません。むしろ、街の定食屋さん、中華料理屋さんのようなお店のほうが大半を占めます。街の食堂であれば、どこも味は「それなり」でしょう。

そのなかで繁盛するかどうかは、味よりもお店で働いている店員さんの人柄によるところが大きいものです。街の食堂の「肝っ玉母さん」の人柄に惹かれて、人が集まり、お店が繁盛することもあります。

「まあまあおいしくて、店員が無愛想なお店」と、「まあまあおいしくて、店員の愛想がいいお店」であれば、愛想のいいお店に行くのではないでしょうか。

サービスを高めることも大切ですが、サービスで競り合ったときに、顧客をファンに変えることができるのは、やはり「人柄」です。

人柄は、採用時や教育時にも大切にしていきたいものですね。

Dotchi? 87

仕事は…？

↓自分のためにする

↓他人のためにする

Answer 87

↓仕事は他人のためにしたほうがいい

仕事は、自分のためにするよりも、他人のためにしたほうがいいものです。

「大事なのは、仕事を『自分事』にすることだ」とお話ししてきましたが、これは「自分のために仕事をする」のとはニュアンスが異なります。「自分事」は責任感の話であり、「自分のために仕事をする」のは利己的な考え方と言えるでしょう。

「他人」には、自分以外のすべての人が含まれます。

ですから、他の社員のためでもあるし、お客様のためでもあるのです。

人は自分のために働くよりも、他人のために働いたほうが、パワーが出るものです。

さらに、仕事がうまくいって、より多くの人に影響を与えたときのほうが、満足感も高まるのではないでしょうか。「満足感」は自分のものですが、自分の満足感を上げるには、他人からの評価があったほうが、よりうれしいものですよね。

自己満足のためだけに仕事をして、ひとりニヤニヤしていても、まったく評価されません。

ぜひ他の人のことを思って仕事をするようにしましょう。

Dotchi? 88

他人に対しては…？

↓減点方式をしている

↓加算方式をしている

Answer 88

↓「他人に対して加算方式をする」が正解

他人に対しては加算方式で考えたほうが、適正な評価ができますし、相手を伸ばすこともできるでしょう。

よく、人を伸ばしたり、人との関係性をよくしたりするためには、美点凝視（相手の長所に目を向けること）をするべきだと言われます。

本章のテーマである「みんながやる気を出す」を実現するには、それぞれのいいところを把握し、伸ばしていきましょう。

また、人間は完璧ではなく、ダメな部分もあって当然ですが、いいところを伸ばしたほうが、ダメな部分もいい方向に引っ張られて底上げされていきます。

六角形か八角形のレーダーチャートで、どこかのポイントが飛び抜けている人は、そこをもっと、ギューッと伸ばしていくことで、まわりのへこんだポイントもつられて引っ張られ、増えていくようになるのです。

とくにマネジメント層の人たちは、加算方式を意識してみてください。

もちろんこれは、すべての人が意識したほうがいいことでもあります。

たとえば、子どもが勉強できていないことをおかあさんが怒っていても、一向にできるようにはなりません。

一方で、塾に行かなくても子どもが東大に合格したり、子ども全員がハーバード大学に入学したりしたというエピソードを聞くと、おかあさんは褒めることしかしていないというケースが、よくみられます。

褒められたほうが、人は成長するのでしょう。

仕事も同じです。加算式で褒められたほうが、やる気が上がり、気分よく働けるものなのです。

Dotchi? 89

給料は…？

↓年功序列がいい

↓実績ベースがいい

Answer 89

↓給料は実績ベースがいいものの、年功序列にもよさがある

給料は、本来であれば実績ベースのほうがいいのですが、最近では年功序列のよさも見直されています。

年功序列が見直されているのは、ほとんどの業界で人手不足だからです。人が余っているのは、衰退産業と言われるような業種だけであり、いまも人手は足りていません。

ですから、多くの企業にとって社員の定着率を向上させることは重要なのです。将来が見えたほうが人材も定着しやすいため、最近ではまた、勤務年数の年功序列で、給料を出していこうとする動きが見られます。

実績ベースでは、業績がよければ給料が多くなりますが、悪ければ少なくなります。でも、給料が少なくなれば、家のローンも払えないので、家庭を持っている人ほど転職を決断せざるを得なくなります。そのため、実績ベースでの評価が強すぎる会社は、人の出入りが多くなってしまうのです。

年功序列と実績ベースは「バランス」を重視しよう

年功序列と実績ベース、どちらにもよい点があります。

大切なのは、バランスではないでしょうか。

働く側として自分のキャリアプランを考えたときに、どちらを選択すればいいのかが、一番のポイントです。年功序列型の会社がいいのか、実績ベースの会社がいいのかは、自分のキャリアプランに沿って決めていけばいいでしょう。

一方で、会社側、つまり給料を払う側は、定着率を鑑みながら、バランスを考えていくといいですね。

給与形態については、十分な検討が必要な局面を迎えています。

Dotchi? 90

他の人の評価は…？

↓知りたい

↓知りたくない

Answer 90

↓「他の人の評価は、知りたくない」が正解

他の人の評価を知ったところで、どうすることもできません。

他の人の給与額を知ることで自分がやる気になるのであれば、知るのもいいことかもしれません。でも、実際に知りたがる人は、「不公平だ」と文句を言いたい人が多く、あまり生産性のある話にはならないでしょう。

もし、他の人の給与額を知って、「自分は仕事に一生懸命取り組んでいるのに、いつもウロウロしているだけの人と評価が同じなのは、納得できない…」という気持ちがわきあがったときには、どうすればいいと思いますか？

自分に目を向けて、どうなりたいかを考えよう

そんなときは、自分に視点を向けるべきです。人がどんな評価を受けていようが、いくら給料をもらっていようが、自分がその人の人生の責任を持つことはできません。「いつもブラブラしている人が、自分と同じだけの報酬をもらっているのは納得できない！」と思っても、自分の給与額が変わるわけではありません。

自分の収入を上げたいのなら、自分が何をすればいいのかを考えて、成長することが大切です。結局は、「自分がどうなりたいか」です。

まわりが気になったときほど、自分に集中することをおすすめします。

わたしが会社員だった頃、同じように感じたことがありました。

わたしがつくったものがいくらの売上になったのかが見えるたびに、「ブラブラしている人と同じ給料しかもらえなかったらイヤだな」と複雑な気持ちを抱えていました。でも、いま振り返ると、「人は人、自分は自分」と気持ちを変えなければいけなかったな、気持ちを引っ張られないようにする必要があったなと感じます。

これは、働いている多くの人が陥ってしまいやすいことかもしれません。

他の人のことが気になってしまったときには、気持ちを切り替えて、自分がどうなりたいか、何をすればいいのかに目を向けていきましょう。

Dotchi? 91

休憩は…？

↓自由に取りたい

↓決まった時間がいい

Answer 91

↓自由に取れれば好ましいが、業務上支障がある場合は決まった時間で

本来であれば、休憩は自由に取りたいところです。

ただ、完全シフト制のように決まった時間に取らなければ業務上支障がある場合、そうはいかないでしょう。

シフト制の仕事の人は、おそらく休憩時間がきっちりと決まっているはずです。それを、「いや、もう少しやってから。10分後に休憩に入ってもいいですか？」と言っても、「あなたは何を言っているんですか？　ダメです！」と、きっと却下されてしまうでしょう。

でも、このように、全体がシステマチックに動いている場合でなければ、休憩は自由に取りたいですよね。そのためには、まず結果を出すことが先決です。

権利を主張する前に、まずはしっかりと結果を出して義務を果たしましょう。

自由に休憩を取るには、スケジュールをうまく立てることも、重要なポイントです。

自分でしっかりと計画を立て、

「ここまで終わらせたら休憩を取って、次の仕事を進めよう」

といった行動をしていきましょう。

ノープランで休憩だけを取ってしまうと、ダラダラとした仕事になってしまうので、注意が必要です。

Dotchi? 92

業務の範囲は…？

↓制限されたくない

↓取り決めてほしい

Answer 92

↓「業務の範囲は制限されたくない」をベースに、自分たちで決める

どこまでの業務範囲を担当するのかは、「取り決めてもらう」よりも「制限されたくない」と考えたほうが、好ましいでしょう。

でも、チームで働くなかで、それぞれが勝手に業務範囲を決めれば、業務が重なったり、抜け落ちたりします。

ですから、「決めてもらう」のではなく、「自分たちで取り決める」という形にしたほうがいいのではないでしょうか。

そのほうが、自分の強みを活かせるでしょう。

規制がある業種、業界でなければ、業務範囲を決めて仕事をしよう

わたしが保険代理店営業のサラリーマンだったとき、4人の営業マンがそれぞれ20社ずつ担当していました。代理店に伝えなければならないことがあるときは、通常であれば担当する20社をそれぞれが集めることになっていたのです。

ただ、4人には得意分野があるので、みんなで話し合った結果、80社すべてを集めたうえで、それぞれの得意なことを分担して伝えるように変えました。たとえばわたしがＩＴ系のこと

を伝え、他の人が約款のことを伝える、といった形です。

保険の約款は、いまはＷｅｂに代わっていますが、当時は分厚い冊子になっていました。わたしは保険会社に勤めていながら、ほとんど読んだことがなかったのですが、チームには約款を得意にしている人がいたのです。

一方で、わたしはＩＴ系の分野が得意だったので、パソコンを使えない人たちをまとめて面倒を見る役割を担当しました。

決められたことを決められた通りに行うのではなく、メンバーの強みを活かす形で業務の割り振りを決めれば、効率的に仕事ができる、という一例です。

規制がある会社や業種、業界であれば話は別ですが、そうでなければ同僚や先輩後輩とそれぞれの強みについて情報交換を行い、業務範囲を取り決めて、うまく仕事を回していけばいいのではないでしょうか。

自分たちで業務範囲を決めたほうが、やる気が出る

例外的に、業務範囲を決めたほうがスムーズに仕事が進むケースもあります。

たとえば流れ作業をしている工場のようなところでは、ラインで制作物が流れてきて、それ

ぞれがそれぞれの受け持ち担当箇所にしっかりと取り組む必要があります。

ネジを締めるところで、ハンダづけの担当の人が入ってきたら、「余計なことをするな！」という話になるでしょう。ネジを締める工程が完璧に終わったところで、次の工程に進むほうがスムーズです。ライン業務の仕事では、自分の持ち場だけをきっちりとこなすことが求められているのです。

このように、担当範囲がきっちりと決まっている仕事以外は、業務の範囲を自分たちで取り決めて、個人の強みを活かしていきましょう。

仕事の範囲が完全に取り決められてしまっていると、広がりがなくなってしまいます。また、自分たちで業務範囲を決めたほうが、仕事のやる気も出るものです。

工夫するクセをつけることをおすすめします。

Dotchi? 93

部下は…？

↓持ちたい

↓持ちたくない

Answer 93

↓「部下を持ちたい」が正解

人にはどうしても苦手、嫌い、弱い、という分野があります。ですから、部下を指導することがどうしてもできない人は、無理することはありません。

専門分野で職人的な仕事が一番得意な人は、ずっとその仕事に没頭していたいのではないでしょうか。それが本人の強みであれば、より理想的ですね。

ただ、部下を持って指示をしたり、育成したりするのがどうしようもなく不得意でなければ、部下を抱えて仕事をすることは大切です。なぜなら、教えることは、自分が大きく成長するためのきっかけとなるからです。部下の成長をうながすために教えることで、自分のなかの知識も、より定着します。

教えることが得意、勉強をすることが得意、という人も、その強みを活かして部下の指導にあたりましょう。部下の指導をしているうちに、自信も実力もつき、やる気も増していくはずです。このように、教育には向き不向きがありますが、よほどのことがない限り、仕事をするうえで、部下を持つことはとても大切なことなのです。

Dotchi? 94

仕事は…？

↓任せてほしい

↓指示してほしい

Answer 94

↓「仕事は任せてほしい」と考えるのが、正解

仕事は指示を待つよりも、「任せてほしい」と思うほうが正しいあり方でしょう。

仕事を任せる上司側からすると、部下に任せたとしても責任を取るのは上司自身なので、なかなか思いきって任せられないこともあるかもしれません。ただ、そこをいかに乗り越えるかが、自分の成長にもつながります。

部下の立場で考えると、任されることで自主性がつき、仕事への責任感を持てるようになるはずです。仕事を任せたということは、部下にその仕事をするだけの実力があると思っている、もしくはその仕事で失敗したとしても失敗を糧として成長してほしい、と願っているという上司側の戦略があるはずです。

その戦略の元、仕事を任せることによって、部下は自主性を発揮し、急成長する。さらに、仕事が自分事化していくきっかけにもなるでしょう。

「言われたらやります」といった指示待ちの姿勢では、仕事は「他人事」のままです。

仕事はどんどん、任せてもらいましょう。

Dotchi? 95

自ら動くのは…？

↓好き

↓嫌い

Answer 95

↓「自ら動くのが好き」でいよう

仕事に対しては、指示待ちではなく自ら動いてほしいので、本項の答えは「好き」です。

なぜ、会社で指示待ちの社員が生まれてしまうのでしょうか？

それは、その会社の価値観や考え方、正しい行動としての仕事の仕方がわからないからです。

わからないために、自分から動けなくなってしまうのでしょう。

人はそれぞれ、「これが正しいだろう」という価値観を持っているものです。

会社に属している以上、誰もがその会社のために、何か成果をあげたいと思って行動しています。ところが、いざ動いてみたら、

「それは違う。何をやっているんだ！」

と怒られ、

「自分はお客様のために、会社のために、仲間のためによかれと思って動いたのに…」という気持ちに陥ってしまうのです。

怒られることが好きな人はいないので、次に怒られないようにするために、人はどうすると思いますか？　それは「この行動が正しい。このようにやってください」と言われるのを待つことです。その結果、「指示待ち族」ができあがってしまうのです。

ルールの範囲で自主性を発揮できるようにしよう

どんな価値観で、どんな行動をすれば評価されるのかがわかっていれば、人は素早く、クオリティも高く動けます。そうすれば、評価も上がるでしょう。

会社という組織で、ノールールで好き勝手に動けば、「勝手なことをするな、余計なことをするな!」と怒られます。でも、ルールがわかっていれば、ルールの範囲内で動くはずです。

まずは上司側が、ルールをきちんと示せると、部下はルールの範囲内で自主性を発揮しやすくなります。

また、できるだけグレーゾーンをなくしてあげることも大切です。

ただ、あまりきっちりルールを決めすぎると、がんじがらめになって動きにくくなってしまうので、注意してください。

「すべてこの通りにしてほしい」ではなく、「ここからここまでの範囲のなかで、あとは自分で自由に」と部下に任せられるといいでしょう。

決めた範囲から逸脱しなければ、自由に進めてもおとがめなしというのが、最善の進め方になるはずです。

Dotchi? 96

電話が鳴ったら‥？

↓すぐに出る

↓誰かに任せる

Answer 96

↓正解は「電話が鳴ったら、すぐに出る」

会社にかかってきた電話は若い人が出るものだと自己正当化している人もいますが、電話が鳴ったら、誰かに任せず、すぐに出ましょう。大手企業で、電話に出る係が決まっている場合は話が別ですが、最近はそのような会社も珍しくなっています。

電話をかけてくる人は、何らかの用事があって連絡してきているので、かかってきたら即座に出るべきです。

また、まわりに仕事への取り組み姿勢を見せられるところが、積極的に電話を取ることのメリットです。電話を取ることも仕事のひとつなのに、それを後回しにするほうが、周囲に悪い印象を与えるでしょう。

人のせいにする、誰かに任せる、見て見ぬふりをする。

そのような姿勢では自主性を放棄していることになりますし、後輩もそんな先輩を見て、やる気になることはありません。

仕事の大小を区別しない人は、伸びる

考えてみてください。もし、

「1億円の見積もりの依頼が来ているけれど、やりたい人はいる？」

と言われれば、やる気のある人が一斉に手をあげると思いませんか？

一方で、なぜ電話に出ようとしないのでしょうか。それは、仕事に優劣をつけて、区別をしているからです。

重要か・重要でないか。大きいか・小さいか。このような区別をしない人のほうが、伸びていきます。リクルート創業者の江副浩正さんも、

「とくに若い人は、与えられた目の前の小さな仕事に全力で取り組むように」

と発言されていました。電話に出ることは、もっとも小さな仕事のひとつです。

どんな小さな仕事も全力で取り組まなければ、いざ大きな仕事を受け持ったときに、ボロが出ます。人任せにせず、小さなことにもしっかり取り組みましょう。

Dotchi? 97

残業は…？

↓評価が落ちるのが不安

↓仕事があるならやる

Answer 97

↓「仕事があるなら、残業をする」が正解

「残業で評価が落ちることへの不安」とは、仕事が遅い人であると思われることに対する不安です。

これは「無能な人」と思われて、心理的安全性が脅かされることへの不安と言えますが、もし無能な人と思われても、取り組むべき仕事があるなら残業をするのが正解でしょう。

正直に言えば、わたしは残業で評価が落ちることに不安を抱く人たちの気持ちがあまりわかりません。

「不安になる必要はないのでは」と思ってしまうところがあります。

抱えている仕事があるのなら、まわりからどう思われようと、残業をして、残業をしただけの結果を残せばいいのです。

仕事を時間ではかろうとする人ほど、残業に対して不安を抱くのかもしれません。

時間ではなく、成果・結果で仕事をはかるように、意識を変えてみてください。

Dotchi? 98

休日出勤は…？

↓断る

↓必要ならやる

Answer 98

↓正解は「必要なら休日出勤をする」

　理由は異なりますが、残業と同じように、「必要なら休日出勤をする」が正解です。仕事とプライベートを完全に切り分けて考える人が多くなった分、「休日出勤などもってのほか」という考えの人もいるかもしれません。でも、必要があるなら、よほど優先順位の高い予定でない限り、休日出勤をする以外の選択肢はないでしょう。

　なぜ休日出勤をしてまで仕事をするのか。それは「必要とされている」からです。たとえば、月曜日の朝が納期の仕事が、金曜日の夜までに終わっていない。それなのに土日に出勤することを断りますか？　ここで断るとすれば、

「金曜日の夜に終わっていないけれど、土日も仕事はしない、だから納期に間に合いません。でも、知りません。帰ります。月曜日の朝は早く出社せず、定時に来ます。お客様から怒られても、部長が責任取ってください」

　というくらい、仕事に対する責任感がないということになります。仕事に向き合ううえで大切な要素に「自主性」がありますが、それ以前に重要なのが、「責任感」です。休むことに関するスタンスは、仕事に対する姿勢が問われる話ではないでしょうか。

雇用形態に関係なく、仕事を完遂させる意識を持たせることが大切

仕事への意識は、「これはいい」「悪い」といった話ではなく、人によるとは思います。また、個人的には、時給で働く仕事しかしてきていない人ほど、納期を守るという意識が薄い傾向があると感じています。

「決められた時間に働くことが仕事だ。勤務時間のなかで終わらなくても仕方がない」といった意識なのかもしれません。でもこれは、報酬が時間でカウントされるのか、成果物で決まるのかだけの違いであり、仕事に対する責任を持たなくていい、ということではないのです。

このギャップを埋めるための教育が、必要ではないでしょうか。

マネジメント側は、任されたことを遂行するまでが仕事、という意識を、部下に持ってもらう必要があるのです。

もう少し根本的な話をすると、「任された仕事を完遂するまでが仕事である」という意識を持っている人と持っていない人では、仕事の質に大きな差があります。

でも、その意識を持っていない人に、意識を植えつけることはとても難しいのです。

なかには、報酬の増減が関係なくても仕事をかならず終わらせる、優秀なパート職の人もいます。そういった人は、何時間働いた、定時になったから自分の仕事は終わり、といった発想

を元々持っていません。

このように、教えていなくても仕事を完遂する人がいる一方で、正社員であっても自分のなかに制限を設け、責任を果たさない人も存在します。

社員やパート、派遣というのは単なる雇用形態であり、仕事の責任とは一切関係はありません。ちなみに、すでにご紹介した弊社のルールブックには、「時間や期限を守れる人」と明記しています。これは、雇用形態に関係なく適用されるものです。

仕事に対する姿勢や考え方のズレは、「社員教育への投資」などで、ズレを修正する機会がない限り、改善することができません。人を育てることは容易ではありませんが、環境を整え、機会を設けながら、人を育てていきましょう。

Dotchi? 99

仕事で失敗することに…？

↓不安になる

↓不安にならない

Answer 99

↓正解は、仕事で失敗することに対して「不安にならない」

仕事で失敗することに対して不安になる人は多いのですが、その不安の原因は何だと思いますか？　心理的安全性から考えれば、失敗することで「無能」と思われたくない、ということにつながるのかもしれません。また、

「あの人は仕事ができなくて、邪魔だな…と思われないだろうか？」

と考えてしまい、不安を感じることもあるでしょう。

たしかに大きな失敗をすれば、上司の評価が下がって給料も下がるかもしれません。そういった不安は尽きませんよね。

でも、失敗はチャレンジしたことによる結果です。チャレンジしないことには、成功もありません。仕事をしていくうえで、チャレンジし続けられることは大切です。

仕事で失敗することに、不安になるのはやめましょう。他人からどんな評価されても関係ないととらえてみてください。

不安に打ち勝ってチャレンジする人が、成果をあげる

当然ながら、失敗を0にすることは不可能です。

でもスポーツを見ていると、チャレンジしなければ成功はないということが、よくわかります。２０２２年の年末に盛り上がったサッカーのワールドカップで、「三笘の１㎜」という言葉が話題になりました。ゴールラインを割りそうなところで三笘選手がチャレンジし、あと１㎜というところでボールを折り返して、決勝点につながった、大成功エピソードです。

でも、三笘選手は、相手にボールを取られることもあれば、ボールに追いつけないこともあり、試合中にたくさんの失敗をしています。

走ってもボールに追いつけそうもないから、あきらめる。走って間に合わなかったらどうしよう、と不安になる。それでは、スポーツなどできませんよね。

間に合わないかもしれないけれど、全力で取り組むことに意味があるのです。

しかも、結果的に間に合って得点につながれば、称賛されます。

失敗への不安を抱えていると、チャレンジできず、数をこなして経験値を上げることもできません。

さらに、動きも遅くなり、次第に自ら動けなくなってしまうでしょう。

不安に打ち勝って、チャレンジを重ねて成長していきましょう。

Dotchi? 100

会社に迷惑をかけて
しまうのは…？

↓怖い

↓怖くない

Answer 100

↓正解は「会社に迷惑をかけてしまうのは怖くない」

前項の「不安」と似た話ですが、会社に迷惑をかけることは、怖いことではありません。そもそも、一社員が、会社が潰れてしまうほどの迷惑をかけてしまうことは、まずないでしょう。たったひとつの失敗で会社が傾くような仕事をしているのは、経営陣、もしくは役職がかなり上の立場の人たちのはずです。

一社員に、会社が傾くような仕事を任せることもあり得ません。

はっきり言えば、平社員の失敗程度では会社はどうにもならないでしょう。

ですから、チャレンジさせてもらうことをありがたく思い、全力で取り組むだけです。「チャレンジしてみろ」と言われるのは、失敗するリスクも含めて考えられた話ですから、これほどありがたいことは、そうないでしょう。

「ここから先は、君に任せる」

とわたしが言われれば、これほどうれしいことはない、と感じます。

なぜなら、信頼されている証ですし、成功したら評価されるからです。最高のシチュエーションでしかありません。ですから、会社に迷惑をかけても何も怖いことはない、と考えて全力でチャレンジしましょう。

部下の不安や恐怖を排除するよう心がけよう

心理的安全性の観点から話をすると、上司側は部下が怖いと感じる要素をできるだけ排除しておく必要があります。

任せられることで、部下が喜ぶような環境をつくっておきましょう。

具体的には、小さなことからでもチャレンジさせて、もし失敗しても怒らないこと。

そして、うまくいっても失敗しても、フィードバックをすることです。

「今回は失敗したけれど、こんな原因があったよね。次はどんな準備をしておけばいいのかな？　でも、チャレンジしてよかったね。また挑戦しよう」

このようにコミュニケーションをとっておけば、部下が過度にチャレンジを怖がることはなくなります。

心理的安全性が保たれるような環境や対応を、心がけましょう。

Dotchi? 101

仕事のスキルは…？

↓上げたい

↓上げなくていい

Answer 101

↓「仕事のスキルは上げたい」が正解

仕事をする以上、「スキルを上げたい」と思わなければいけませんし、上げなければいけません。仕事をするうえで、能力の向上や成長を止めてはいけません。

「スキルアップしなくてもいい」「このままでもいい」と思った瞬間から、人は下降線をたどります。

実際のところ、多くの人は、年齢とともに勉強や新しいことをしなくなります。

それまで積んできた「能力」という貯金を切り崩して、食べていくのです。

若いときには知識や経験を積み、能力を蓄えていきます。

でも、ある程度の年齢になれば、たとえば黙っていても一定のお客様が来るようになり、ガリガリ売ってても売らなくても給料は変わらない。さらに役職定年になって定年までの給料は見えている。そうなると、あとは若い人に任せて、適当に仕事をすればいい、という意識に変わってしまうのです。

でも、本当にそれでいいのでしょうか?

もっと他にすべきことはあるかもしれませんし、もしいまの仕事に熱意を持てないなら別の仕事をしたほうがいいかもしれません。

旅行も勉強もメリットは同じ

スキルを上げるメリットは、まさに「できないこと」が「できる」に変わっていく体験ができることに尽きます。

スキルを上げ続けようとしない人の多くは、自分で限界を決めてしまっているのではないでしょうか？　でも、自分ができること・知っていることと、できないこと・知らないことを比較すれば、圧倒的にできないこと・知らないことのほうが多いはずです。

誰でも若い頃にできるようになる喜びや新しいことを知る喜びをたくさん経験しているはずなのに、なぜ、それをやめてしまうのでしょう。

定年でリタイアした人たちのなかには、いろいろなところへ旅行に行く人もいます。元気なうちに、行ったことがない場所へ行って、見たことのない景色を見るのは素敵なことです。

ただ、新しい体験をするための旅行には興味があるのに、新しいことを知る勉強をしなくなるのは不思議です。

まだ見ぬ景色を見るという点においては、旅行も勉強も、やることは同じです。

ぜひ、旅行と同じように、勉強にも興味を向けてみませんか？

Dotchi? 102

仕事をする理由は…？

↓生活のために

↓成長が楽しいから

Answer 102

↓仕事は、成長が楽しいからやるもの！

仕事は生活のためにするものか、成長が楽しいからするものか。楽しく仕事をしたいのであれば、「成長が楽しいからやる」のが正解です。

人間は食べていかなければ生きていけません。でも、ただ生活のためにするのなら、どんな仕事でもいいでしょう。日本にいる限り、食べ物に困ることはありません。極端な話をすれば、社会保障のお世話になることも可能です。でも、「どんな仕事でもいい、社会保障に頼ろう」といった選択をする人はごく少数です。それは、なぜでしょうか？

「生活のために仕事をする」という人は、社会保障で送れる最低限の生活ではなく、それなりに遊べる生活をイメージしているのでしょう。どうせ遊べる生活を送りたいなら、もっと遊べたほうがよくないですか？　もっと旅行に行きたくないですか？　食べたいものを食べたくはありませんか？　望んだ生活をするために、収入を上げましょう。

ただし、成長しない人に対して会社が高い給料を払ってくれるはずがありません。

成長して、成果を出す人に、会社は見合った高い給料を払ってくれるものなのです。そして努力して成果をあげた分だけ、より豊かな生活ができるようになります。

故・稲盛和夫さんがおっしゃっていた「物心両面の幸福を追求する」は、まさにそういうことでしょう。成長しなければ、豊かにはなれないのです。

Dotchi? 103

死ぬまで働く…?

↓働きたい

↓働きたくない

Answer 103

↓正解は「死ぬまで働きたい」

「死ぬまで働いてください」
と言われると、会社員の人たちは
「死ぬまで会社に行くのはイヤだ…」
と思うかもしれません。

でも、会社に行って給料をもらうことだけが仕事ではありません。


駅前の自転車置き場で、年配の方が自転車の整理をして、市や区から手当をもらっています。

ボランティア活動に一生懸命取り組んでいる人もいます。

ボランティアも、働くことの一環です。


彼らがなぜ働くのかと言えば、何かをしたいからでしょう。

「身体が動くし頭もしっかりしている。それなら、ただ家でじっとしているのではなく、何か人の役に立つことをしよう」

このような想いが、人間の本能としてあるのではないでしょうか。

ですから、わたしたちは、死ぬまで働くべきです。

孫の面倒を見るのでも、ペットをかわいがるのでも何でもいいので、働き続けましょう。

会社から毎月給料をもらうだけが、仕事ではありません。

わたしが以前とてもお世話になった先輩方は、80歳になったいまでも何かを成し遂げたいと思っているようです。

行動に起こす人、起こさない人の両方がいますが、行動したほうが生きている満足度が上がり、やる気もわいてくるはずです。

目一杯働き、生を全うしましょう。

Dotchi? 104

自由に仕事したい…？

↓したい

↓したくない

Answer 104

↓正解は「自由に仕事をしたい」

どうせ同じ仕事をするのなら、「自由にしたい」と思いませんか？

人間、誰でも自分の行動は自分で決めたいと思うものです。

自由にやりたい、という気持ちがわいてきませんか？

「サラリーマンは、自由に仕事をすることはできませんよね…」

と言う人もいますが、実際は会社勤めでも、かなり自由度の高い仕事をしている人がいます。

基本的に、自由度の高い仕事ができる人は、結果を出している人です。

自由に仕事をしたいのであれば、まず結果を出しましょう。

結果を出せば、誰も文句言えなくなるものです。

「自由業」とも言われる個人事業主も、本当に自由なのかと言うと、決してそうではありません。

生きていくためには収入が必要であり、収入を得るにはお客様からオーダーを受けなければいけないからです。そして、オーダーを受ければ、納期が生じ、仕事のクオリティも求められるので、ある程度自由は奪われます。

また、結果を出している人なら30万円でもオーダーが入る一方、実績がなければ3万円でも依頼はこないでしょう。

個人事業主も、サラリーマンと同様、自由にしたいのなら結果を出す必要があるのです。

どんな仕事でも、とにかく結果を出すことに貪欲になりましょう。

日々の積み重ねと実績が、自由を運んでくれることになるはずです。

おわりに

私の友人に、ある製造メーカーに勤める男性がいます。年相応の役職とおそらくそれなりの収入を得ているようです。数年前に話を聞いたところ、定年退職まで真面目に勤め上げようと考えていたようです。確かに実直でコツコツと仕事をこなす人柄なので、彼らしい選択だと思いました。

ところが、その後、定年を間近に控えた彼は、会社を辞めてしまったというのです。

どうしたことかと、改めて話を聞いてみるとこんなことがあったというのです。

・評価面談の頻度が自分だけ増える
・上司から業績不振の責任を追及される
・ついには、転居を伴う転勤を打診される

背景には、その会社の業績が芳しくないことなども関係しているようですが、本人としては個人の成果が落ち込んだわけではなく、取締役でもないので業績責任を負う立場の人は他にもいます。納得がいかない彼は、なぜ自分がこのような処遇をされるのか訊いてみたところ、部下に対するパワハラがあったからだと言われました。もちろん、本人に思い当たる節はありません。しかし、被害を受けたとされる部下からの申し出であれば、会社としても放置するわけにはいかなかったのでしょう。これは「辞めろ」ということかと悩んだ末に不本意な選択をしたわけです。

会社、あるいは上司が彼にしたことは、心理的安全性を飛び越えてコンプライアンス、そしてハラスメントの領域かもしれませんが、信頼関係を失った組織と人、そして人と人の関係は継続し難いものです。組織と人のパワーバランスは、常に組織が優りますから、居たたまれなくなった彼は、他の組織に移り、残りのサラリーマン人生を捧げることになり、いまは充実した仕事ができているようなので、誤った選択ではなかったようです。


人生は選択の連続です。刻々とＡかＢかの選択に迫られています。

そして、実際のその選択はＡかＢかではなく、無数の選択肢の中からどれか一つを選ぶことになります。さらに、どれか一つを選ぶことはあなたの自由な意思に委ねられています。

さきほどの友人も、転職先の候補はいくつもあった中の一つを自分で決めたわけです。

例えば、朝起きて会社に行くのか、行かないのかは自由に選択することができます。

もちろんサラリーマンの場合、病気や何らかの事情がない限り、ほとんどの場合行くことを選ぶでしょう。

そこで、何を着て会社に行くのかもあなたの自由な意思で選択ができます。男性の場合、どのスーツにするか？　シャツやネクタイの色はどれにするか？ということになります。最近はそれだけではなく、カジュアルな服装が認められているケースもありますから、Tシャツとデニムを選択することもできます。

そして、その選択が、社会的な評価や、もっと具体的に言えば会社の人事評価にどう影響があろうとも、自己責任のもとに決めればいいのです。

心理的安全性は組織を健全に運営するうえで、とても重要なことです。

しかし、心理的安全性が確保されていれば、それだけで組織運営がすべてうまくいくということではありません。心理的安全性が阻害される四つの不安要素である「無知だと思われる」「無能だと思われる」「邪魔していると思われる」「ネガティブだと思われる」がなければ、確かに何でも言い合える風通しのいい組織と言えるでしょう。不安要素がないからこそ、相互理解が生まれます。そして、相互の理解が進めば、信頼関係は作りやすく、信頼感稀有の上に組織に属する人々が立場や役職に関係なく、助け合ってチャレンジする組織になっていく可能性が最大化します。

そして、もう一つ大事な視点があります。

それは、「組織文化をどう浸透させるか」だと考えています。

組織文化は誰か一人のもの、誰か一人が作るものではありません。企業の場合、その誰か一人とは社長のことだと認識されがちです。しかし、実際には組織は社長の価値観だけでは運営できません。組織に属する人数、つまり企業の場合、社員数が増えればますます、社長一人では組織が健全に運営できない傾向は強くなります。たとえ、社員数が数人の中小零細企業でも数百人、数千人の企業でも同じことが言えます。

今回は、心理的安全性をテーマに私の考えをお伝えしましたが、心理的安全性は社長や会社だけが用意するものではありません。なぜなら、心理的安全性が確保されているということこそが企業文化であり、これを浸透させるには組織にかかわる全員の意識が必要だからです。上司がいる部下がそうであるように、上司も心理的安全性が欲しいのです。部下に「無知」「無能」「邪魔」「ネガティブ」だとは思われたくありませんから。これは社長も同じなのです。

心理的安全性は、全員の意識の上に企業文化として浸透させる努力の継続がもっとも必要なことだということをお伝えしておこうと思います。

２０２３年８月吉日

池本 克之

著者プロフィール

池本 克之（いけもと かつゆき）

ノンバンク、海外ホテル事業、生命保険代理店営業を経験。財務、マーケティング、セールス、人材教育などを体得する。その後、通信販売のベンチャー企業の経営に参画。それまでのノウハウを実践する。株式会社ドクターシーラボ移籍後、代表取締役として２００３年３月ジャスダック店頭公開に貢献。同年11月ドクターシーラボを退任。月商1億円に満たない時代から1年3カ月で月商7億円超に、さらに年商１２０億円企業へと成長させた。

２００４年３月株式会社ネットプライス執行役員に就任。公開企業のマネジメント経験を活かし、若いベンチャー企業の参謀役としてカスタマーサービス、物流、ＣＲＭ、仕入先開拓等の機能を統括する。同年7月にはマザーズ店頭公開。経営者として2度の上場を経験する。その後、複数のプロ経営者を経て現在は組織学習経営コンサルタント。多くの企業の成長をコンサルティングする。大企業から創業間もないベンチャー企業に至るまで、継続的に成長する企業経営のアドバイスを行っている。

著書『「それでも稼ぐ人」33のルール―景気も、環境も、学歴も、年齢も、この人には関係ない』『「いまどき部下」を動かす39のしかけ―その「任せ方」、もう通用しなくて当然です。』（いずれも三笠書房）、『出社しなくても最高に評価される人がやっていること』（日本実業出版社）ほか多数。

Special Thanks to:

企画協力：
樺木 宏
（株式会社プレスコンサルティング）

編集協力：
星野 友絵（silas consulting）

「心理的安全性」をつくる１０４問
何《なん》でも言《い》える職《しょく》場《ば》はどっち？
二〇二三年（令和五年）十月十五日　初版第一刷発行

著　者　池本 克之
発行者　石井 悟
発行所　株式会社自由国民社
東京都豊島区高田三―一〇―一一
〒一七一―〇〇三三
電話〇三―六二三三―〇七八一（代表）
造　本　ＪＫ
印刷所　株式会社光邦
製本所　新風製本株式会社